JN069658

朝から
「残業」する
教師たち

福田哲史

はじめに

　学校は学び舎とも言われ、字義どおり学問をするところです。特に小学校や中学校は地域のシンボル的な存在であり、親しみをもって受け入れられています。そして、誰もが心身の発達が著しい少年期を過ごしていますから、想い起こせることは数多くあるでしょう。

　私が小学校に入学したのは、東京オリンピックの年でした。開会式の日でしたか、学校がいつもより早く放課になり、急いで帰った覚えがあります。2キロほどの距離を通学し、学校に着いたらすぐにグラウンドか体育館で遊ぶ毎日でした。児童玄関が開いていなければ、その辺りに落ちている小枝で門を上に押し上げ校舎に入ったものです。宿直の用務員さんがのんびりとやってきて、おはようと声をかけます。牧歌的でのどかな時代でした。悪さをして土曜日の午後廊下に立たされ、こっそり抜け出そうとしたら先回りした担任が仁王立ちでいて、逆に立たされる時間が延びてしまった苦い思い出もあります。

　中学校は部活動に力を入れていました。というより上級生からのしごきのため、気合を入れざるをえませんでした。理科の解剖実習のカエルを捕まえてくるように言われ、私を含めた3、4人の男子生徒で、授業中に川や田んぼに行ったのもなつかしい一コマです。丸刈り頭から長髪に移行するためのアンケートが保護者に行われ、男子生徒はこぞって親に賛成するよう頼んだのもこの頃でした。

　このように思い出の多い、身近に感じさせてくれる学校です

が、案外知られていないことが多いようです。ただ近年は"学校はブラックな職場"といった世間の評判があって、その点では関心がもたれてはいるようです。これについては、同情していただける部分と公務員への厳しい風当たりとが混ざっているようで、そこに勤める教職員は複雑な思いでしょう。

　学校を教師の側からみますと、それはいうまでもありませんが職場です。子供たちが対象の仕事ですが、他の職場と同様に大人社会であるのは変わりありません。人間関係の諸問題も似たようなものでしょう。また、学校ならではの制度や仕組みのほかに独特な慣例があります。そして教育職ですから、それに係る法律や条例、規則等でがんじがらめになっている社会です。これらが良きにつけ悪しきにつけ、学校の特有さをつくっています。身近なようで堅苦しいと捉えられがちなのは、そうしたところにも原因があるのかもしれません。

　教師自身についても、その仕事に因るのか周囲から見ると特徴があると言われます。醸し出すものがあるようで、職業を名乗らなくとも教師とすぐに見分けがつくものらしいです。これは良いような悪いような、どう解釈したらよいものでしょうか。

　そんな学校ですが主役は子供たちです。子供あっての学校ですから、どんな職場であっても、あるいは世間の評価がどうであろうと、それらに左右されず教育を推し進める場所でなければなりません。その点はほとんどの教職員が自覚しているはずです（"ほとんど"が正確だろうと思われます）。

　ところで「教育は国家百年の計」と言われ、国づくりの礎に

なるものとされてきました。それだけ学校や教師の責任は大きいといえます。かつてはその役割を学校側（教育行政を含めて）が一手に引き受けていた時代がありましたが、学校教育は今や、学校だけで進める時代ではなくなってきています。家庭、地域社会、学校がひとつになって子供たちに教育を施し、共に育てる必要については論を俟たないといっていいでしょう。

　だからこそ、教育について多くの人に関心をもってもらい、何かしらの形で関わってもらうのは意義があります。

　そのためには、学校や教師の現実をできる限りありのままに記すことで、学校教育推進の一助になるのではないかと考えました。"ブラック"だとすれば、それをどうしたらよいのか、あるいはどうしようもないのか。また、子供たちや教職員の"ホワイト（輝く）"な姿をヒントに、より良い教育が見いだせるかもしれません。

　本書は、それらの中から、知っていただきたいことや共に考えたいことのいくつかを拾ってみました。中には、教育の世界の痛いところ、泣きどころ、陰の部分もあえて載せてあります。これら見えにくい部分に触れていただくのは無駄ではありませんし、生かせるようにするべきです。

　いじめや暴力行為、不登校、学級崩壊、教師や家庭の教育力の低下等による教育の危機が叫ばれている今日、学校教育には問題が山積しています。だからこそ、学校や教師、子供を様々な角度から知っていただき、それが直接、間接に子供たちの健全育成や学力向上につながれば甲斐があります。趣旨をご理解いただき読み進めていただけたなら幸いです。

目　次

第1章

意外に知らない「学校」と「教育」

学校、特に小学校や中学校はそこに生活する人たちにとって身近な存在です。また誰もがかつて学んだ校舎や校庭等に、たくさんの思い出があり、我が子を通わせている学校であれば特に思い入れは強いでしょう。

　日本は6・3制の義務教育制度です。1947年に学校教育法が制定され、これが嚆矢となり現在の教育がスタートしました。ほとんどが年齢主義により、学習者の年齢によって決まった学年に所属します。これは国民の中でしっかり浸透していますから疑問の余地はないところですが、学校や教育の細かな点になると案外知られていないようです。学校がもつ使命や責任、教育制度、教育行政との関わり、教職員のそれぞれの役割、教育界が抱える問題、将来の学校像など挙げれば茫洋さを感じさせるほどです。

　新型コロナウイルスの感染拡大問題で休校が続いた頃、9月入学が取りざたされました。結局、拙速な変更は課題が多すぎると流れたものの、賛同の意見がかなり多かったようです。しかし、強行に推し進めれば幼稚園児の存在を無視するかのようですし、保育園児の増加も危惧されました。何よりも小学校や中学校では、喫緊の課題への対応で苦慮している中、新しい制度導入は可能だったでしょうか。学校現場が正しく理解されていないのかと考えさせられます。

　学校や教育についてはすべての国民が関わりますが、よく分かっているようで見えていない部分が案外多いのです。教師にあっても、勤めている学校やそこで進められている教育については分かりますが、他校の教育の研究や実践については多くを知りません。

教育に携わる者としては不十分と言えましょう。多分、社会一般的にも知られているのは断片的であろうと思われます。

　学校や教育について様々な窓口から覗いて知ることは、学校の見方や教育の在り方を考える一助になるかもしれません。私は、学校教育は今や学校だけで進める時代ではなくなってきた旨をことあるごとに伝えてきました。保護者や地域の人たちが学校についてもっと知り理解が深まれば、よりよい学校教育が出来上がる可能性があります。学校は閉ざされた社会と指摘する向きもありますが、少しでもそれを克服するためにも、本章では知っているようで知らない学校や教育の一面に触れてみたいと思います。

■学校というところ

　学校には目的や役割があります。そんな中で何でもかんでも学校任せで、家庭や地域で分担すべきものまで学校の責任であると、理不尽な要求をしてくる方も少なくありません。学校の情報がいろいろと行き渡り、学校教育に対する学校、家庭、地域社会、行政等とのコンセンサスは得られているはずと思うのですが、実際は理屈通りにはいきません。

　少し堅い話で恐縮ですが、学校は何をすべきところなのかについて、小学校の場合で改めて記してみます。

　　学校教育法
　　第29条　小学校は心身の発達に応じて、義務教育として行

　　　　　われる普通教育のうち基礎的なものを施すことを目
　　　　　的にする。

　このように学校教育の目的・目標が法として示されています。この中にある普通教育とは何かといいますと、これも学校教育法に示されています。（抜粋）

　　　○社会形成に参画できるよう社会的活動を促進する。
　　　○生命や自然を尊重し環境保全に寄与するよう自然体験活動を促進する。
　　　○我が国と郷土を愛し他国を尊重できるよう正しい理解に導く。
　　　○家族や家庭、生活に必要な事項等について理解と技能を養う。
　　　○読書に親しませ生活に必要な国語の基礎的な能力を養う。
　　　○生活に必要な数量的な関係を理解し、使用する能力を養う。
　　　○生活に関わる自然現象について理解し、処理する能力を養う。
　　　○健康、安全に必要な習慣を養う。運動により心身の調和的発達を図る。
　　　○生活を明るく豊かにする芸術について基礎的な理解と技能を養う。
　　　○職業に関する知識と技能、個性に応じた進路を選択する能力を養う。

　これらの項目のそれぞれについて、学校教育法施行規則に各教科として具体化されています。そしてその教科の目標が学習指導要領に示されており、これらに依拠して学校教育を進めます。

こうして法律等に則り職務を果たしているのですが、これらを支えているのが「教育基本法」です。憲法の理念にもとづき、学校、家庭、地域住民等、国民が進めていくべき内容が示されています。関連する条文を挙げてみます。

第10条　父母その他の保護者は、子の教育について第一義的責任を有するものであって、生活のために必要な習慣を身に付けさせるとともに、自立心を育成し、心身の調和のとれた発達を図るよう努めるものとする。

第13条　学校、家庭及び地域住民その他の関係者は、教育におけるそれぞれの役割と責任を自覚するとともに、相互の連携及び協力に努めるものとする。

これらが示すように、多くの人の手によって適切な考え方や方法で育ててやるのが、より健全な成長を実現できるといえます。

> **蘊蓄　学習指導要領**
>
> 　学校が各教科で教える内容を定めたもの。児童生徒に教える最低基準が示されている。
>
> 　キーワードは「未来社会を切り拓くための資質・能力の一層確実な育成」「主体的・対話的で深い学び」「社会に開かれた教育課程」。

■減る子供と学校

　日本の人口は1億2,427万1,318人で14歳以下はその内の11.9％になります（総務省統計局「国勢調査」2020年1月1日時点）。

　数だけを見れば世界第7位の人口ですが、2008年に1億2,808万人でピークを迎えてから減り続けています。それは、世界のどの国にもなかった速さで少子化・高齢化が進んでいるのが特徴です。

　こうした影響は学校にも及んでおり、小規模と大規模校の二極化が進んでいる地域があって、学校教育を進めていく上で支障が出ています。全校児童が100人以下の学校がある反面、1,000人近くにもなる学校が存在しています。こうした両極端の学校には、長所もあれば短所もあり、教育環境としての問題を抱えている学校は少なくないようです。私が見学した全校児童60人程度のある小学校の運動会にはいくつかの問題点がみえました。

　種目演目が限定され、体育的技能面や競い合う醍醐味という面では物足りなさを感じますし、多人数で協力し行事を作り上げていくというような体験もさせてやりたいと思いました。

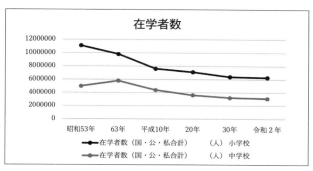

[在学者数]

　　　　　　昭和53年　🡒　令和2年
　小学校　　11,146,874人　　6,300,735人
　中学校　　 5,048,296人　　3,211,237人

　それぞれのグラフは全国の統計ですから、各自治体によっては急こう配の右肩下がりになっているところがあります。そして、過疎化が心配される深刻な地域が現存しています。
　子供が減少すれば学校も減るのが摂理というもの。各地で学校の統廃合が進められており、かつては地域のシンボルであった小学校や中学校がなくなる地域も増えてきているようです。こうした傾向は今後も続くのでしょうか。

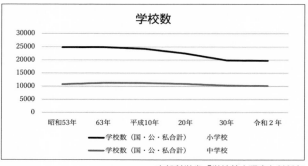

学校数

文部科学省「学校基本調査」2020年

［学校数］

	昭和53年 ⇨	令和２年
小学校	24,828校	19,738校
中学校	10,778校	10,143校

　減少傾向は学校が頑張ってどうにかなる問題ではありませんが、減っていけばいくつかの課題（下記）が生まれますので、限られた中でそれらを少しでも克服するのが学校の役割になります。

　　○授業内容の制約（多人数による効果的授業、多様な見方考え等）。

　　○集団による環境づくり（集団行事への制約、人間関係形成力等の育成）。

　　○多様な学習（生活）経験の不足。

　　○クラス替えができない（人間関係の固定化）。

　　○部活動の種類が限定、廃部や統廃合への対処。

　　○学級数減少による教職員数の減少。

　　○社会性やコミュニケーション能力育成に不利。

■全体に奉仕

　教師は選考試験により採用されます。採用されると1年間は条件付採用で、1年間良好な成績で職務を遂行したときに、正式採用となります。が、私は寡聞にして条件付採用の期間でもって不採用になった例を知りません。

　そして法律で身分を保障されていますから、「正当な事由」がなければ辞めさせられません。正当な事由は分かったような分からないような、かなりアバウトかもしれません。私の自分の見聞から、罪を犯さないかぎりは辞めなくてもよいのだろうと解釈しています。実は地方公務員法の規定では犯罪に関わらなくても免職もあり得るのですが、周りにはいませんでした。簡単にやめさせられないように身分が保障されています。

　その代わり「全体の奉仕者として公共の利益のために勤務し、かつ職務の遂行に当たっては、全力をあげてこれに専念」しなければなりません（地方公務員法第30条）。他の公務員と少し違うのは「教育を通じて国民全体に奉仕する教育公務員」である点です（教育公務員特例法）。

　つまり、法律等の制約にがんじがらめに縛られた仕事といえます。しかし、子供の前に立てば、良識をもった行動の中である程度融通も利き、冗談が通じて話の分かる、という資質もとても大切だろうと思います。

　仕事についてですが、担任は「児童の教育をつかさどる」のが主な職務です（学校教育法第37条）。この「主な職務」である点や「教育」が何かというのが折々で話題になります。教科など学問を教えることには異論はないでしょうが、問題はどこか

らどこまで指導や支援が求められているかです。鉛筆の持ち方と同様に、箸の使い方等も学校教育の一環として扱わなければならないか、朝夕など勤務時間外の交通指導はしなくてはならないか、病気で欠席した際のケアはどこまで求められるか等、挙げていくと切りがなく、学校教育はとても広く解釈されがちです。それぞれの立場によって都合よく受け取られるのは困りますが。

　結局は、学校や地域、子供たちの実情に配慮しながら、可能な範囲でより有効な教育を施すことになるのでしょう。その根っこには、全体の奉仕者であると意識しながら、誠心誠意、教育に携わる構えがあります。

■学校はなんでも屋

　私が担任をしていた頃は集金業務も仕事の一つでした。毎月集金する教材費や給食費、行事関係費等のお金を一人ずつ数え、おつりがあれば処理します。中には集金額に足りなかったりしてトラブルも起きます。その集金は不正なく無駄なく、かつ教育効果が上がるよう使わなければなりません。これに加え、金銭教育と称した学校貯金まであってそれにも追われました。正直なところ、これは教師の仕事かなと疑問に思いもしました。実際、教育に費やせるはずの時間が減りますから、問題はあったはずです。

　現在もここまでやらなければならないのかと思われる仕事はけっこうあります。外部から見たらやってほしい、やって当然

という声が聞こえてきそうですが、要は教育本来の妨げになっていないだろうか、という点から考えてみてはどうでしょう。つまり教師一人の身体は一つ、時間は一日に24時間しかない、といった単純な話です。その上で、教育に優先させなければならないかという、核心をついた問題として捉えるべきです。

　ほんの一部ですが例を挙げてみます。子供たちの教育的な活動も含んでおり、ひとつひとつを見れば何かしらの意義はありますが、参加に至るまでに費やす指導時間、子供にとって得るもの失うものなど、いろいろな角度から捉えご覧いただければと思います。

　〈地域団体の事務局〉

　教育後援会や教育会等と称する団体の事務局を担っています。印刷物の作成、会計全般、会合開催に係る業務等の外に、役員や会員との渉外、連絡調整のほか業者とのやり取りもあります。事情次第で指導しての成果の披露があります。

　〈対外的行事の参加〉

　自転車の乗り方を競う自転車大会、日ごろの防火活動の実績を研究発表形式にして資料にまとめて発表する防火発表大会、校区文化祭への作品出品や音楽・演劇等披露、住民運動会の運営業務、子供たちが披露するダンスや演奏等に係る指導があります。

　〈時間外の不良行為〉

　学校外での問題、あるいは家庭の教育力に直接関わるようなトラブルも教師が中心になって解決を図らねばならない場合があります。学校の関わる度合いがかなり多くなっています。友達の家に遊びに行きゲームソフトを紛失した等のように、学校

の外で起きた出来事も処理に当たります。

　とにかく挙げれば切りがなく、学校や地域によっても違いがありますから、私の知らない事案はたくさんあると思われます。雨具の着方脱ぎ方、地域の危険個所の割り出しとその指導、箸の持ち方指導、親同士のいざこざの仲裁、帰宅後に知らない家で悪さをした処理等、それぞれがその経験を挙げれば膨大な数になるでしょう。

　それでも学校や家庭、地域の役割分担がしっかりできている校区ではこうした負担は比較的少なく、教育は充実しています。学力面でも生徒指導面でも、高い水準にあると思われます。

基本的には学校以外が担うべき業務

・登下校に関する対応。
・放課後から夜間などにおける見回り、児童生徒が補導された時の対応。
・学校徴収金の徴集・管理。
・地域ボランティアとの連絡調整。

・地方公共団体や教育委員会、保護者、地域学校協働活動推進員や地域ボランティア等が担うべき。

学校の業務だが、必ずしも教師が担う必要のない業務

・調査、統計等への解答等。
・児童生徒の休み時間における対応。
・校内清掃。
・部活動。

・部活動の設置、運営は
法令上の義務はない。

教師の業務だが、負担軽減が可能な業務

・給食時の対応。　　・授業準備。　　・学習評価や成績処理。
・学校行事の準備、運営。　　・進路指導。
・支援が必要な児童生徒、家庭への対応。

中央教育審議会　学校における働き方改革特別部会学校の働き方改革に関する答申
「業務の今後の方向性」（2019年1月）

■教師の一日

　「先生は、朝は早いし帰りはいつ帰ってきたか分からないくらい遅いね。たいへんだね」と同情してくれる方もいれば「子供が帰ったら何してるの。することはあるの」とうらやましさを込めて言う方もいます。なかなか勤務実態が分かってもらえず、家族間でさえ理解してもらえないケースはあるようです。
　職員の多忙化解消を探る目的で、全職員に1日の勤務内容を

1週間記録してもらいました。私自身分かっていない面があり、自分が担任していた時とは違うなと感想をもちました。同じ担任をしていても子供や保護者、分掌等が違えば、当然に違う過ごし方になります。次の表は、平均的であろうと思われる勤務状態を表したものです。

- 7：30 　出勤
  動植物の見回り、教室内外の整頓確認、教材教具の確認。
  学年で連絡事項等の確認等
- 7：50 　出勤
  朝の活動、子供と共に清掃、生きものの世話、学級環境作り等。委員会活動の指導等。食物アレルギーの弁当確認
- 8：10 　勤務開始時刻
  前記の内容を継続
- 8：25 　朝の会
  健康観察や連絡、朝のスピーチ等。欠席者・体調不良者への対応
- 8：40 　1限目
- 9：30 　2限目
- 10：15 　大休憩
  ノート等提出物点検、委員会活動の指導や悩み相談
- 10：45 　3限目
- 11：35 　4限目
- 12：20 　給食指導

配膳・食事マナー・片付け等の指導、生徒指導、疾病・問題行動への対応等

●13：05　　昼休憩

歯磨き指導。残りの時間は朝や大休憩に準じるが、子供たちと過ごす。業者や地域等への連絡

※教師にも認められているが、実際は休憩はできない。

●13：25　　清掃指導

各箇所を廻る

●13：45　　5限目

●14：35　　6限目

●15：35　　帰りの会

本日の振り返り、明日の連絡等

●16：00　　下校、放課

下校指導…心身の健康をチェックしながら見送り、相談対応、トラブル対応等

子供に関すること…ノートの点検、テスト採点、作品等に評価等

校務分掌に関すること…行事や指導に関して立案等の書類作成及び協議、学年だより作成、関係団体・教育委員会関連の書類作成等

教材研究に関すること…指導方法の確認や準備、教材準備（用具や指導に係る資料の作成等）

※職員会議・研修会が入れば、これらは後刻になる。

●20：00　一応、この時刻までには退勤

現役の担任にはこんなものじゃないと叱られそうです。これらに加えて、生徒指導上の問題、事件事故等どこかの学年、どこかの教室で日々ありますので、このように進められない場合が少なくありません。これに校内行事や対外的行事の時期になれば、計画があって無いに等しいかのごとくです。

　たまに休憩時間にお茶を飲む姿を見かけますが、たいていは数分程度で立って飲み、すぐに教室に戻る慌ただしさです。

■働き方改革の行方

　2017年に設置された「働き方改革推進会議」により「働き方改革実行計画」がまとめられました。これは少子高齢化に伴う生産年齢人口の減少、育児と介護の両立など働く者のニーズの多様化などが課題となってきたことに依ります。そのため生産性向上と就業機会の拡大、働く者の意欲や能力を発揮できる環境が求められるようになってきました。これを受けて教育界もその取り組みが求められるようになりました。

　国では「公立の義務教育諸学校等の教育職員の給与等に関する特別措置法」の一部を改正し、教職員の健康及び福祉の確保を図るために指針を定めました。この指針により教育委員会は教育職員の在校等時間の上限等に関する方針を定めることになりました。長時間労働の改善やそれに伴う環境整備が中心的な課題となります。

　この話が出た時、多忙化解消など職場環境の改善への期待とともに、教育の世界ではそれほど変わらないだろうとのあきら

めに似た気持ちとが入り混じっていました。諦観的に捉えた中には、教育に必要な仕事が減らせるはずがない、といった確信に似たものがありました。何を減らせるかどう改善できるか、あったとしても大変わりはしないだろうとの思いです。ここに産業界等との違いがあります。

　例えば、取り組むべき内容に「管理職をはじめとする教職員の意識改革」が挙げられました。確かに重要ではありますが、その意識がないわけではありません。ただあっても仕事量がそれを許さず、その結果、意識を変える発想がもてなくなってしまいます。

　「業務内容の合理化」も挙げられていますが、教師が非合理化しているわけではないというのが、私の経験から得られた実際です。

　ICカードやタイムカードを取り入れ、勤務実態をつかんだもののその後をどうするか、ノー残業デーによって残った仕事はいつやるか、勤務時間の割り振り変更の適切な変更は現実的か等、問題解決へのハードルは相当高いように思えます。「取組方法の見直しを図る」「〜の方針や計画を策定する」「〜の整理合理化を進める」「〜の適正化を図る」といわれても、そう簡単に事は運べません。

　また、学校に対しては資料の共有化、学校行事の精選などを求めていますが、これはずいぶん前から進められており、これ以上はなかなか難しいと一定の結論が出ています。

　いずれにしても、朝を迎えたときに心身ともに健康な状態で子供たちの前に立てることが大切で、一層の教育推進にはこの視点に立って改革の方策を探るべきと考えます。

蘊蓄
・1日当たりの学内勤務時間（平日）
　〔小学校〕11時間21分　〔中学校〕11時間33分
・1週間当たりの学内勤務時間
　〔小学校〕59時間49分　〔中学校〕65時間25分

文部科学省「公立教員勤務実態調査」（2018年）

■教師の責任

　「公園の遊具にいたずらしている、学校は何を教えているんだ」「隣の家とうまくいかなくて子供同士の仲が悪い。何とかしてほしい」「成績が悪いのは学校の責任だ。担任を替えろ」「合唱の指揮者はうちの娘がふさわしい。どうして他の子が選ばれたのか納得できない」「いじめてはいない。勝手に相手が思い込んでいるだけ。先生がよけいなことを言うからこじれる」

　私が勤務した学校で実際にあった非難の一例です。学校関係者でない方にはばかばかしいと一蹴されそうですが、学校にあっては無視できないのが辛いところです。話を聞いた上で、自分で解決すべきことはそうしてもらうようにしていますが、度し難い要求もあり、これで本務がストップしてしまうのは悩ましい限りです。

　いったい学校や教師は何に対して、どこまで責任があるのでしょう。社会規範に照らし、法に則る行動をとれば間違いはな

いのでしょうが、事はそう単純ではありません。

　事例から考察してみたいと思います。1991年に小学校で起きたいじめ事件からです。

概要：5年男児が児童13人にロッカーに閉じ込められ、水を
　　　かける、殴る、蹴るの暴行を受ける等して2週間のけ
　　　がを負う。
　　　その後半年間登校できなくなった。
訴え：児童の親権者と学校設置者を相手に損害賠償を求める。
判決：児童の親権者と学校設置者に対し損害賠償を一部認め
　　　る。控訴の後、支払額の増額命令。
内容：いじめを認定。学校に対し暴行行為の予見可能性を認
　　　め、安全義務違反を問うた。
　　　親権者に対しては、監督義務の範囲は子供の生活全般
　　　に及ぶとした。説諭のみで保護監督義務を尽くしたと
　　　はいえないとした。

　この事例から教師も保護者も学ぶべきは多くあります。学校には子供の安全を守る安全保持義務があります。法律の規定はありませんが、理論上も判例上も認められています。つまり、他から生命、身体、精神、財産等に悪影響や危害が及ぶ恐れがあるときには、未然に防止する適切な措置をとらなければなりません。

　安全保持義務の内容は次の4つについて判示されています。

　①いじめ防止のため、一人一人の性格や素行、学級内における状況を日ごろから観察する必要がある。

②他に危害を加えるおそれのある子供や危害を加えられる
　おそれのある子供について、きめ細やかに注意を払う必
　要がある。
③いじめの事実を知った場合、単なる一般的、抽象的な指
　導をするだけでは足りない。
④生命、身体などが害される事態の発生を未然に防止する
　万全の措置を講ずる義務を負う。
　こうした義務を果たすために心を砕き、身を粉にして職務に
あたっている教師を何人も見てきました。時にはリスキーな選
択を強いられる場合さえあります。反対に無神経で緊迫感のな
い教師がいるのも事実です。それは明らかに批判されるべきで
すし、場合によってしっかり責任をとらなければなりません。

■教育の原点

　「教育の原点は特別支援教育（当時は特殊教育）にあり」と
は、私が教師になりたての頃に先輩から教わりました。一人一
人をしっかり見てとらえ、その子のためにできる最善の教育が
特別支援教育にこそ必要だからです。個々の教育的ニーズを把
握し、持っている力を高めてやる使命が生まれます。
　特別支援は、かつては対象でなかったLD、ADHD、高機能
自閉症も含めて、視覚障害、聴覚障害、知的障害、肢体不自由
又は病弱者にたいして行います。小中学校の標準人数は一般学
級40人（１年生は35人…改正義務教育標準法成立により段階的
に６年生まで引き下げることが決まった）に対し、特別支援学

級は8人（特別支援学校は6人）となっています。ですから、1人で8人を担任する場合があり得ます。

　これは、かなりたいへんです。かかりっきりにならなければならない子供もいるからです。そんな時は他の職員に応援をたのみますが、基本は担任の役割ですから、相当骨が折れます。それでも教職員挙げてその子の教育に尽くして、より効果が上がるよう知恵を絞らなければなりません。

　特別支援級にいる子供の特徴は実に様々です。それぞれに個性がありながら言動が一筋縄でいかないのがこの教育でもあります。身体に障害があればその不自由な点を補い、克服すべく教育の在り方が求められます。

　聴覚が劣っていたために、音声言語がままならない子供の授業を担当した経験があります。その子は入学した頃は自分の障害を気にしてか、引っ込み思案で消極的な印象だったといいます。私と接していた頃にはそんな様子はなく、明るくむしろ元気がよすぎるくらいにまでなっていました。私が行き過ぎたいたずらを注意すると、茶目っ気たっぷりに不自由な言葉遣いですが言い返してくるくらいでした。これは担任の力に依ります。その子のもつ能力を少しずつ伸ばし、自信を持たせてやれた教育方針がありました。そして、たくさんの人と接する機会を巧みにつくった成果です。教育の原点がここにありました。

　しかし、いつもうまくいくとは限りません。奇声を上げて学校中を逃げ回る、周りの子供をいきなり叩く、こうした行動は予測がつかず、周囲は不安になり落ち着けない羽目になります。怪我をさせられたケースもありますから気を遣います。おしっこがしたくなれば教室の中でする事例もありました。担任

は気を張っているのですが、それでもちょっとのスキをついてやってしまいます。ある高学年の男児は隠すこともせず自慰行為をしてしまうので、女性の担任は困り気味でした。

　このような子供たちに対して、普通級にいる子供たちはどうかと言いますと、押しなべて親切に接します。噛んで含めるように言い聞かせたり手を取って教えたりと、彼らなりに何かしなければとの思いで接してくれます。どの学校でもそうした光景はあります。お互いに成長させているなと、微笑ましくたのもしく感じます。学校勤めでなければ味わえない貴重な経験です。

■平等と正義の砦

　国際性を強調するあまり、企業では年功序列や終身雇用を見直すような論調を目にしたり耳にしたりします。つまり能力主義や成果主義に目を転じさせるねらいがあるのでしょう。

　ある大きな会社の社長が、やはりこのような趣旨を、テレビを通して話していました。企業は営利を追求しなければなりませんから、経営方針としては理解できないわけではありません。日本がグローバル社会を生き抜くためには、たぶん肝心なのでしょう。ですが、長く和を重んじて人間関係重視の社会で生きてきた人たちにとっては、すべてを素直に受け入れるには難しさがありませんか。ましてや学校では、能力や立場に関係なく同じように生きる権利を前提に教育がありますから、ジレンマの中でよりよい方法はないかと、これからの世の中を憂え

ています。

　もっと申せば、能力が低ければ切り捨てられていくのではないかという不安です。子供たちと接していると国語や算数は苦手でも、それぞれに秀でた能力をもち、人として優れた一面に気付かされます。それを発見し伸ばしてやるのは、学校教育において最も基本となる一つです。多いクラスでは40人も存在しますが、教師であれば何人いてもやらなければならないとても重要な責務です。優秀な人間しか相手にしないとか、ついてこられなければ仕方がない、といった考え方はしません。

　新学習指導要領の理念には「よりよい学校教育を通してよりよい社会を創るという理念を学校と社会が共有し、それぞれの学校において必要な学習内容をどのように学び、どのような資質・能力を身につけられるようにするのかを教育課程において明確にしながら、社会との連携及び協働によりその実現を図る」とあります。したがって、この理念に沿った教育を成さないのは、教育の現場にはふさわしくないといえましょう。

　子供はひとりひとり違います。個性や能力はそれぞれによいものをもっているはずですから、お互いにそれらを認め合い、時には補完し合って、世の中が成り立つようあるべきです。学校では様々な学習活動を利活用し、取り組ませています。そうした目で我が子の学校生活に触れたとき、その後の子育てにも役立つのではないかと思うのです。

蘊蓄　**年功序列と成果主義の長所・短所**

・年功序列の長所　人材の定着、帰属意識の高揚

　　　　　　短所　挑戦・冒険心、意欲の低下　等

・成果主義の長所　挑戦・冒険心、意欲の向上
　　　　　　　短所　達成重視で人間関係に影響、
　　　　　　　　　　人材育成が鈍化　等

■○○教育の氾濫

　学校では実にいろいろなことを学びます。特に小学校では、基本的には一人の担任が全教科を担当します。小学校レベルであれば、大人ならそれなりにどうにかなるだろうと思うと大きな間違いで、そこには専門的知識や技術が求められます。それらが備わっていないと、基礎基本を正しく身に付けさせてやれませんし、個々の伸びは相当違うはずです。専門性こそ大事です。

　私は小学校の教員に採用されたとき、不安に思っていたのが家庭科と図工科でした。特に裁縫など、どうしたものかと困った覚えがありますし、図工に至っては絵を描くこと自体が苦手でしたので、教えるのに自信がありませんでした。ですから私にこうした教科を教えられた子供たちには、今でも申し訳ない気持ちがあります。ある程度は教材研究で凌ぎましたが、一知半解に加え、センスのなさは克服できずじまいだったと懺悔の気持ちです。

　そんな中、教育とつく"新分野"が続々と出てきているのをご存知でしょうか。例えば、外国語教育はよく知られています。その他に情報教育、人権教育、ICT活用教育、プログラミ

ング教育、環境教育、食育教育、キャリア教育、防災・安全教育、消費者教育、統計教育、伝統や文化に関する教育、主権者教育、エネルギー教育等々、実に広範囲にわたっています。

　これらは時間割に明記してはありませんし、ほとんどは教科書がありません。それでも学ぶべき学習に位置付いています。こうなると緒に就くまでがたいへんで、どこからどう手を付けてよいのやら悩みの種ですし、多忙に拍車がかかります。学校現場では実に困っています。誠実でやる気のある教師ほどそうです。

　こうした教育を取り入れながら、「思考力・判断力・表現力等バランスをとり」ながら「生きる力」を育てるというのが目標にあり、教科などを横断的に活用して学習を充実させるとありますが、そんな容易いものではありません。しかも、「主体的・対話的で深い学び」を進めながら、能動的につまりアクティブに学び続けるようにとあります（アクティブ・ラーニング）。さらに、カリキュラム・マネジメントを確立して学習効果の最大化を図らねばならないとされているので、ここまでくるとかなり混乱しても不思議ではありません。

　もうひとつ付け加えておかなければならないのが、体験活動を重視しなければならない点です。これは確かにその通りだなと私も実感しています。

　これらすべてをどのように扱っていくのかは、校長、教頭のリーダーシップと担任の教材研究であり腕の見せどころになります。

蘊蓄　アクティブ・ラーニング

　子供たちの能動的な学修への参加を取り入れた
教授・学習法。

　発見学習、問題解決学習、体験学習、調査学
習、グループディスカッション、ディベート、グ
ループワーク等がある。

　自ら体験したり人に教えたり、グループで討論
するといった学習は、学習定着率が高いとされて
いる。

■時間割の裏話

　時間割（日課表）はどの教室にも掲示してあり、学校の掲示
物としてはお馴染みで、各家庭にも小さくして同じように貼ら
れているでしょう。月曜日から金曜日までの教科等の割振りが
示してあり、これに合わせて翌日の準備をします。

　各教科等の授業は1年を35週（1年生は34週）として、それ
ぞれの授業時数が決められています。例えば4年生の国語科は
1週間に7時間で、35週をかけて年間の授業時数は245時間と
なります（1時間は45分間）。算数は5時間で年間175時間、理
科は3時間で105時間です。基準となる35週で割り切れるよう
になっています。

　ところが、同じ4年生の社会科は年間90時間、音楽科は60時

間、図画工作科も60時間です。これだと社会科は週当たり2.6時間、音楽科は1.7時間、図画工作科は1.7時間となり35で割り切れません。

　こうなる前は、すべての教科等が35で割り切れるようになっていました。社会科であれば105（週3時間）、音楽科は70（週2時間）、図画工作科も70（週2時間）でした。これは、2002年4月施行の新学習指導要領改訂に伴っており、この時には総合的な学習の時間が新設されており（週3時間）、完全学校週5日制が実施されています。また、教科の学習内容が削減された改訂でもありました。直近の2020年4月施行においても35週で割り切れない教科があります。4年生に限らず他の学年でも、社会科、理科（3年生）、音楽科、図画工作科、家庭科は35では割れない授業時数です。

[授業時数新旧対照表]

小学校4年生授業時数　　　　　　中学校2年生授業時数

（1992年施行）　　　　　　　　　（1992年施行）

	新	旧
国　　　語	245	280
社　　　会	90	105
算　　　数	175	175
理　　　科	105	105
音　　　楽	60	70
図画工作	60	70
家　　　庭	—	—
体　　　育	105	105
道　　　徳	35	35
外国語活動	35	—
総合的な学習	70	—
特別活動	35	70
総授業数	1,015	1,015

	新	旧
国　　　語	140	140
社　　　会	105	140
数　　　学	105	140
理　　　科	140	105
音　　　楽	35	35〜70
美　　　術	35	35〜70
保健体育	105	105
技術家庭	70	70
外　国　語	140	105〜210
道　　　徳	35	35
総合的な学習	70	—
特別活動	35	35〜70
総授業数	1,015	1,050

　これらは実際に教える側とすれば、とてもやりづらく混乱が生じます。分かりやすいのが、1年間を通して同じ時間割でやれないといった問題です。そこで考えられた方法の一つとして、ある曜日の一コマに社会科と音楽科、図工科と体育科といったように二つの教科を入れて弾力的に運用していきます。ただ、教科を組み合わせて行うといっても、組み合わせの比率が違うので、微妙な調整をしなければなりません。例えば、7月の2週のうち1週を音楽科、1週を社会科に充てるといった面倒な運用をします。したがって毎月の時間割を組み直して配布しなければなりません。

　他の方法として、35週を15週、10週、10週の3期に分けて時

数を配分する学校もあるようです。これだと季節に関係した学習内容に合わないなどの不都合が生じます。さらに、学校によっては45分という1単位時間にこだわらずに15分授業、30分授業というようにして年間の時数を調整している例も見られます。

　総合的な学習との組み合わせで調整するといった方法もとられているようですが、いずれにしても子供も教師の側も何となく落ち着かない、やりにくい運用といえます。

> **蘊蓄**　**授業週数**
>
> 　実際は40週あるが、児童会、学校行事等の特別活動や天災、流行性疾患等の不測の事態に備えて35週で計算している。

■ゆとり教育の愚

　文部科学省は2021年度から、中学校で使われる教科書の検定結果を公表しました。新しい学習指導要領に沿った内容で「主体的・対話的で深い学び」(アクティブ・ラーニング)の実現を目標に掲げています。つまり、討論や発表を中心とした学習が全教科の教科書に導入されます。そして、一斉学習で受け身になるのではなく、主体的に学んで思考力や表現力を育てるのがねらいです。

　各教科に工夫を凝らし、新時代の教育を進めるといった姿勢

は評価できますが、もうひとつ注目すべきは、3年間で学ぶ9教科の各社教科書の平均ページ数が1万ページを超えたことです。「ゆとり教育」時代に比べ1.5倍の量です。

　私は増えたことに驚いているのではなく、ようやく気付いたかという意味で注目しました。そもそもゆとり教育では、「つめこみ教育」と言われた知識量偏重の教育を改め、思考力を鍛える学習に重きを置いた経験重視の教育を進めようとしました。

　こうしたゆとり教育に対しては、「OECD生徒の学習到達度調査（PISA）」や「国際数学・理科教育動向調査（TIMSS）」、「小・中学校教育課程実施状況調査」など様々な結果を踏まえるなどしながら、有識者と言われている人たちが支持や批判を繰り返してきました。

　私自身は、当初からこのゆとり教育には疑問がありました。なぜなら「ゆとり」の語を用いれば、学ぶなかで光明を見出せそうなイメージを与えます。しかし実際にはそれぞれの発達段階において、教え込み学ぶべき内容を削るわけですから、ゆとりに対する弊害は必ずあるはずと思ったからです。下手をすれば教育そのものが、砂上の楼閣になりかねない恐れさえ感じました。

　例えば、基礎基本の内容が軽視された形になりましたので、いろいろな学習をしていく上で大切な読み書き計算の力が弱くなりました。また、小学校算数では計算力の軽視、理科では学習量が20年前の半分以下になったなどから、系統性の不備が指摘されました。

　そもそも"つめこみ"などとネガティブな言葉遣いをするから惑わされるのであって、小学生や中学生の理解力や記憶力は

大人とは比べものになりません。あえてつめこみという言葉を使うなら、こうした吸収力の高い時期につめこまないのは、子供たちにとっては不幸とさえいえます。能力にはそれぞれ差がありますが、課された学習内容をどうにかして受け止めようとする能力を発揮させず、つぶしてしまうのは間違っていると思います。

　結局、文科省はその後「確かな学力」「学力向上」を謳い、「脱ゆとり教育」にかじを切りました。そしてゆとりのことばは見られなくなりました。

　人はこれでいいと思ってしまえば、そこまでの伸びしか期待できません。自分が現在もっている能力以上を要求されれば成長を促せる、そういうものではないでしょうか。要するに学ばせ方の如何に掛かってくる問題です。学校にあっては教職員、家庭にあっては保護者、そうした人たちの構え次第で、1万ページ超えの教科書は乗り越えていけるはずです。

> **蘊蓄　ゆとり教育**
>
> 　1980年代に始まった教育方針で、2002年以降2010年代初めまで実施された。学習時間と内容を減らしゆとりのある学校を目指した教育。

■免許更新制への怒り

　日本で取得できる資格は国家資格だけでも1,200以上、民間

資格を合わせると3,000以上あると言われています。その中で有効期限がある資格は、中小企業診断士、ボイラー溶接士、自動車免許、小型船舶操縦士、宅地建物取引主任者、狩猟免許、臭気判定士、危険物取扱責任者、消防設備点検資格者、競輪審判員及び選手など資格数に比べれば多くはありません。この中に加えられたのが教員免許です。2007年6月の改正教育職員免許法の成立によって2009年に更新制が導入されました。

　これは学力低下論争や教師の質の問題（不祥事など）があって、教育への強力な公権力の介入を図って教育再生会議で提言されました。日本弁護士連合会などから、学校現場の負担や議論が不十分である点などが指摘されましたが、導入に変わりありませんでした。

　簡単に内容を記してみます。

目　　　的	教員が自信と誇りを持って教壇に立ち、社会の尊敬と信頼を得ることを目指す。
有効期間	10年間
講　　　習	2年間で30時間以上

　これにより、自分がもつ免許の修了期限をチェックし、時期がくれば受講すべき講習を選択し、各自で大学等に申し込みます。その際は受講対象かどうかの証明が必要です。様々な手続きを経てようやく講習が受けられ、修了すれば修了確認の申請を行わなければなりません。その後確認証明書が発行され、晴れて教壇に立つ資格が得られます。これらを退職までに、多い者で3回行わなければなりません。

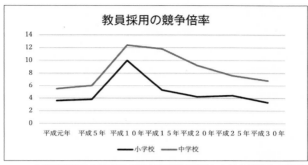

文教科学委員会調査室「教員採用選考試験における競争率の低下」
（2019年11月）

　これから進路を決めるような立場の人が、この事実を知った
なら教職の道を選ばないかもしれません。軽い扱いの感は否め
ず、免許制度をもつ諸職種にあって異例だからです。他の資格
制度と整合性がとれるでしょうか。耐震強度偽装事件の後、建
築士免許制度に更新制導入が検討されましたが見送りとなりま
した。一部不届き者は確かにいましたが、ほとんどは真面目に
純粋な思いで教育に携わっています。このような意欲や矜持を
削ぐ制度には反発を感じます。これにより公務員である教師は、
任期制であり終身雇用にはならないとの扱いは否めません。

　そもそもこの制度は、問題教師（不適格教員）を無くすこと
にはなりません。これらに対しては現在の法でその認定と処分
が可能ですし、30時間の講習で変われるくらいなら苦労はあり
ません。そして不適格とするのに10年待てというのでしょう
か。

　教師の質を上げることにつながらないのも理解していただけ
るでしょう。そもそもこの講習に勝るとも劣らない研修が以前

から義務付けられています。学校内、教育委員会、文部科学省によるそれが相当な時間取り入れられているのです。

　この制度によって情熱をもった使命感の強い若い人たちが、この仕事に魅力がもてず、意欲を失い離れていくことを危惧しています。

※廃止に必要な法改正をし、2023年度にも新しい研修制度を始めるとの報道

■読書を進める理由

　読書は読む力はもちろん、書く力、話す力、考える力、知識、判断の基礎といった、生きるために大切な能力が身に付きます。フランスの作家マルセル・プルーストは「読書は作者の知恵の先に自身の知恵を見いだす」として読書の大切さを説いています。本を読んでいる人がこれらに優れている例は、皆さんの周りにたくさんあるでしょう。

　学校の読書環境もひと頃に比べ変わってきました。朝の活動として読書の時間を学校生活に位置付けたり、ボランティアによる読み聞かせの機会を設けたりするなど力を入れています。どの学校にも図書館司書を配置するようになったのも読書推進の表れといえましょう。2001年からは「子ども読書活動の推進に関する法律」ができ、読書活動の推進に関する施策を、総合的かつ計画的に推進して、健やかな成長を目指すとあります。これも偏に読書による効能に期待してのことです。

　最近ではデジタル媒体でも読めるようになり、スマートフォ

ンなどで手軽に物語や小説を読めて便利な世の中になりました。どのような形でも読んだほうがよいのですが、やはり学校では本（紙）による読書を進めています。

　これについて興味深い研究を知りました。「デジタルで読む脳×紙の本で読む脳」の著者である神経科学者メアリアン・ウルフによるものです。「紙の本　深く読む脳　育む」とあり、「デジタル媒体は速読向き。染まるとヒトは短絡的になり得る」とドキリとする表現まであります。どういうことでしょうか。

　それによれば、デジタル媒体は言葉を吟味し、問いを発し自ら思考するには適していないといいます。つまり読む時に、視線はデジタル端末画面ではジグザクに飛びながら先に進むため、読み飛ばしがちになるからです。電子書籍も同様で、つい読み流し、吟味が疎かになり、深い読みができなくなるのだそうです。デジタル媒体は結末に向けて読みをせかしてしまうのです。したがってデジタル媒体は速読向きと言えますが、それに染まるとヒトは考えに時間を割かなくなり、短絡的になり得るのです。

　逆に紙媒体で読むと、話の内容や筋立て、場面などをよりよく記憶し理解できたとするヨーロッパで若者を対象にした実験結果があります。ニュースはよい例で、デジタル端末はニュースが多様ではなく、出来事を単純に伝える傾向があります。新聞は掲載範囲が広く、優れた分析記事は深い理解をもたらします（2020年7月12日読売新聞「あすへの考」）。

　学校はこれほど専門的な見地から読書を進めているわけではありませんが、読書が及ぼす計り知れない影響力や可能性には、大きな期待を寄せています。門前の小僧習わぬ経を読む、

ではありませんが読書は環境づくりも大切です。そして前述の読書の効能に加えて、読書は豊かな人間性を育むのに、とても大きな役割を果たし得ると、ぜひ強調しておきたいと思います。

> **蘊蓄** **マルセル・プルースト**
>
> フランスの小説家（1871年—1922年）
>
> 20世紀の西欧文学を代表する世界的作家と位置付けられている。代表作は「失われた時を求めて」で三島由紀夫や堀辰雄にも影響を与えた。

■生活科と総合的な学習の時間

生活科は1989年改訂の学習指導要領に設置された教科です。体験的な活動を重視し、体系化された内容はありません。小学校（あるいは担任）毎に。それには自己中心性の強い１年生や２年生の特性に照らした教育内容と学習支援が求められます。この辺りが手腕の問われるところですが、一部を除いて、これはと思う授業は少ないように思われます。センスも問われるだけに苦手にしている様子が伺えます。反対に適当にやっていても、子供たちが賑やかにしていれば何かしらいきいきしているようにアピールできるからか、苦にしていない者もいます。学習参観の見どころのひとつになります。

総合的な学習の時間は、児童生徒が自発的に教科の枠を超えた横断的・総合的な課題学習を行う時間とされています。2000

年からすべての学校（小学校から高等学校まで）で段階的に始められました。

　特徴としては体験学習や問題解決学習の重視で、学校・家庭・地域の連携です。ゆとり教育と密接に関連しています。他教科のように指導の目標や内容が具体的に示されていません。それは郷土学習であったり環境への学習であったり、情報、福祉、国際理解、環境と多岐に渡ります。その趣旨とねらいに沿っていれば何を学習してもよいのです。これが曲者で、何となく見栄えがする、とっつきやすい、手間ひまかからないといった学習でお茶を濁して1年が終ってしまいます。

　教師は、決められた型にはめられるのを嫌がりますが、そのくせ決まったものがないと戸惑い、結局のところ深く追求しないまま終わる傾向にあります。総合的な学習の時間は特にそうかもしれません。

　私は当初から生活科も総合的な学習の時間にも反対でした。趣旨やねらいがもっともらしく立派なだけに、逆に現実的ではない面があります。多忙な上に教師間の力量の差を考えれば、それらの目標達成はおろか、何をしているのやら分からない無駄な時間を過ごす可能性は十分にあります。

　また、この二つの学習がねらっているのは、それまでの教科や様々な学習活動ででも身に付けられるのではないかというのが、私の今も変わらぬ考えです。ただ、熱心に体をかけてねらい達成に奮闘する姿がある事実も知っていただきたいと思います。

　実際のところはどうなのか、お子さんとの会話や学習成果物などでその判断ができそうです。

蘊蓄

生活科・総合的な学習の時間のねらい（小学校）

・生活　自立し生活を豊かにしていくための資
　　　　質・能力を育てる。

・総合　よりよく問題を解決し、自己の生き方を
　　　　考えていくための資質・能力を育てる。

■低下しているか　学校の教育力

　家庭や地域社会の教育力が問われている昨今です。親の威厳
がなくなったとか躾がしっかりできていない側面もあって、そ
のような指摘があります。また、地域の行事で子供の居場所を
作ったり、様々に体験させたりする機会は多くなってはいます
が、秩序を乱す子供を叱れる人がいなくなったと憂える声もあ
ります。

　それでは、学校教育では「確かな教育力」が備わっているで
しょうか。これもまた前途を危惧する見解が見られます。学校
の教育力が下がるとはどういうこと、と訝る方もいらっしゃる
でしょう。

　子供たちは教える側の人物次第でどのようにも変わります。
ですから「教育は人となり」とはよく言ったものです。教材教
具がどれほど立派でも、教え方、導き方がまずければそれを生
かせません。そのために欠かせないのが知識や技術等の指導力

に加えて、教師としてのセンスであり人格でしょう。心配されるのは次のような存在です。

〈社会常識に欠けサラリーマン化した若手〉

　社会常識は時代により変化する、と言われます。ですが、挨拶ができない、お礼が言えない等を含めたコミュニケーションがとれない、社会規範からはずれている行動をはずれたと自覚できない、敬語が使えない、服装が乱れている、時間が守れないなどの常識はずれの事態は憂慮します。つまり社会人としての品格が備わっていないのを意味します。完全無欠など無理ですが、変わった人扱いされるような人物では困ります。

　それに加えてやっかいなのが、情熱や使命感、責任感に乏しい若手です。期限内に仕上げるべき仕事ができなくても「できませんでした」と平然と言ってのけます。勤務時間を超える仕事はしませんというような者もいました。

〈勉強しない中堅〉

　ある程度経験を積むと、分かったようなことを言う輩がいます。教育のあるべき姿を語り、教育を極めたような物言いさえする者もいて、聞くに堪えなくなります。ベテランを気取り、他を指導しようとさえします。本来なら脂の乗っている時期ですから、ここでさらに勉強すれば力量は増すのに、そのようなふるまいは残念です。もう少し謙虚になればいいのに、と周りから見られていても気付いていないのは哀れです。若い時とは違い、経験を積んだ中でさらに自分を磨く、その効果が分かっていないのでしょう。もったいないと思います。でも管理職になるための勉強はとても熱心にやります。

〈叱れないベテラン〉

　管理職を含めたベテランで、叱れる教師は少なくなりました。叱るという言葉に抵抗があるなら、短所欠点を修正してやれて、誤りは毅然と指摘できるという表現でもよいでしょう。中途半端な接し方をしたために、一層悪い結果になってしまう場合がありますから、教師に対しても叱る行為が時には大事になってきます。人権を侵すような行為、同僚へのいじめ、職務への明らかな怠慢等はよい例です。

　結局のところ、こうした存在のしわ寄せは子供たちにいきます。ところが嫌われたくないのか、叱る勇気がないのか、大人に対する指導の仕方が分からないのか、叱らない、叱れないベテラン教師がいるのです。よくないと分かっていても穏便に、何ごともなく治めて済むのならそれはそれでよいかもしれませんが、たいていは同じ繰り返しになります。あるいは悪化します。それが問題です。

■窮屈さの中

　年齢層を問わず職業意識の低い教師がいます。そこそこは仕事をするものの、"教育公務員"としての自覚が足りないというタイプです。それは言葉遣いや身なり、日ごろの言動に表れます。見かけは教師らしくなくても構いませんが、それは人としての節度、常識が備わった上での話です。分かりやすく言えば、子供の手本になれているかどうかです。自分の短所、欠点、過去の過ちをある程度は棚に上げてでも、目の前の子供た

ちに見せられる姿が求められます。

　さらに申せば、この職は法と道義に縛られた職業です。法を犯す者も稀に居ますが、社会のそれを見る目は特別に厳しく、報道も扱いは違います。ですから教師であるとの矜持が大切ですし、社会からは厳しい目で見られているといった覚悟はもっていなければなりません。そういう意味では批正は受けたほうがよいと思います。

　ところで法に縛られていると言いましたが、法治国家である日本では誰もがそうなのですが、特に教師に対しては厳しく定められています。

　まず、教育基本法（教育について原則を定めた法律）では次のように掲げられています。

　　９条（前略）　自己の崇高な使命を深く自覚し、絶えず研
　　　　究と修養に励み、その職責の遂行に努めなければなら
　　　　ない。

　そして地方公務員法では、「全体の奉仕者として公共の利益のために勤務し、職務の遂行には全力を挙げて専念しなければならない」としています。

　その上できっちりと職務上の義務が挙げられています。
　　○全体の奉仕者として服務の宣誓を行わなければならない。
　　○令や上司の職務上の命令に忠実に従わなければならない。
　　○勤務時間、職務上の注意力のすべてをその職責遂行に用
　　　いなければならない。
　さらに身分上の義務が５つ挙げられています。

○職の信用を傷つけ不名誉となる行為をしてはならない。

○職務上知り得た秘密を漏らしてはならない。

○政治的な行為は制限される。

○ストライキ、サボタージュ等の争議行為をしてはならない。

○営利企業に従事してはならない。

　重要なのは、法や条例、規則等で広く適用されそうな部分を、漏れなく適正に解釈して運用できているかどうかです。例えば、「注意力すべてを職責遂行に用いる」とか「不名誉となる行為をしてはならない」といった点です。窮屈で堅苦しいのですが、そういう職業です。

　スピード違反や飲酒運転はしないけれども、過度なスポイラーを付けたりマナーに反するような運転をするといった行為が許されるのか。例えて言えばそういう目が向けられています。

■学校の危機管理

　2001年の大阪教育大学附属池田小学校で起きた小学生への無差別殺傷事件を端緒に、学校の危機管理が強調されるようになったのではないかと記憶しています。児童8名が死亡、13名が負傷（教師は2名）という筆舌し難い、あまりに痛ましい事件でした。

　これを機に学校では、玄関を締切にしたり防犯カメラをつけたりするなど、様々な対策がとられるようになりました。授業の中でもこれまでの交通事故や火遊び、校舎内外の危険個所の

学級指導に加え、不審者対策の指導が急務となりました。避難訓練も火事や地震に対するそれが中心でしたが、実際に不審者役を設定するなどして不審者侵入を想定した訓練も行うようになりました。学校の危機はかなり切実になっています。焦眉の急のごとくと表現しても大袈裟ではないと思っています。

　実は子供たちへの危機管理の重要性に併せて、学校や教職員の危機管理も課題を抱えるようになってきました。子供を守るための危機管理は言うに及ばず、あらゆるところにリスキーといっていいくらいの職務上の側面があるからです。中途半端なまま続けていると、身を危うくする恐れは十分にあります。

　教師には視野の狭いところ、認識の甘さと言ってもいいかもしれませんが、そんな側面があります。私は自分も含めてそれを危惧していたので、終礼（短い職員会議）時に「学校の危機管理」と称して5分程度の研修を行うようにしました。今、目の前にある教職員としての危機は何か、それを拾い上げ、その問題点や事例、対処法、法的根拠をもとに学び合うという内容です。しばらくは私から題材を提供しましたが、その後は教職員持ち回りにしました。自分の番が回ってくるまでに、十分な研究をしてもらい発表する形の研修は、多少なりとも益になったのではないかと思っています。

　例えば次のような内容です。

　　　○授業中に怪我をした。教師の責任はどこにあるか。

　　　○学習発表会で使う楽譜をコピーして子供に配るのは違法か。

　　　○いじめに対して、教職員はどのような義務や責任があるか。

○理科室の薬品紛失にはどのような問題点があるか。

○学校で赤痢が発生した。どう対応すればよいか。

○保護者から職員会議録の開示請求があれば、応じなければならないか。

○食物アレルギーへの対応はどのようにするか。

○不登校児に対して、就学督促をしてはいけないか。

○補助教材の使用について留意することは何か。

　危機管理に係る事柄は実に多岐にわたります。１年間で70ほどの危機管理は学べました。安全にそして健全に育て、教職員が堂々と職務にまい進できるためにも欠かせないのが危機管理の問題です。「盗人を見て縄を綯う」ような教師生活では陥穽がある、という意味も込めて行いました。

　各学校ではそれぞれに形を変えて、危機管理について気を張っていることも知っていただきたいと思います。

蘊蓄 **学校の危機管理の現実**

・安全対策の予算には限界がある。

・武器をもった侵入者から子供を守れるか。

・「開かれた学校」における解釈と運用は十分か。

・校長の危機管理意識の温度差どう埋めるか。

■講師と教諭

　教員採用選考検査に合格していない（受験していない場合も

ある）臨時的任用教員や非常勤講師等を学校では講師と言い、正式に採用された者は教諭となります。どちらであっても担任をしますから、子供たちにとっては区別なく「先生」であり保護者の皆さんにとっても同様です。

ところが、一般的には担任が講師と聞いて消沈する保護者もいるようです。中には最初から侮り見下げるような態度の方もいて、とても残念な気持ちになります。そうした方の考えは「採用試験に受かっていない力不足の先生でしょう」といった思いがあるのでしょう。そう言われては返す言葉がなくなってしまいますが、実際はそうとも限らないのです。

よく話題になるのが、「どうしてあの先生（講師）受からないんだろう」という採用の可否です。毎年どこかの学校で聞かれる言葉です。授業も上手にこなすし、子供たちとの人間関係も良好で人柄もいいのに、という背景に依ります。私もそういう思いは何度もしてきました。理由はよく分かりませんが、強いてあげるなら職務にまい進し、日々を誠実に働いているからと言いたいのです。つまり、受験勉強よりも授業をはじめとした子供たちとの関わりを、生活の中心にしているからではないかと推量しています。正規の教諭よりもしっかりした講師を荒れた教室に配置することもあり、余計に負担をかけているのかもしれません。

話は少し逸れますが、荒れて教師の言うことをきかない教室や、雰囲気が悪く人間関係もぎくしゃくするなど暗い教室、いわゆる学級崩壊（気味）であっても、一人の教師でガラリと変わります。1、2か月あれば十分かもしれません。わずか2、3週間で子供たちを同じ方向に向かせるのも可能です。秩序正

しく集団生活の体を成すようになりますし、明るく元気な子供たちが増え、やさしく思いやりのある言動が見られるようになります。私はいくつもそうした例に出会いました。見事でした。ほんとうに同じクラスの子供たち、と思わせるくらいにです。これができるのは教諭とは限りません。講師でもあり得ました。けっして珍しくはありません。

反対に、ひと月もしないうちに教室をガタガタにしてしまうケースもあります。昨年度の担任のときは何ら問題なく良い人間関係を築いていたのに、担任が代わった途端に正常な教室が維持できなくなってしまいます。そんな担任を「壊し屋」と表現する専門家もいます。それは講師だからとは限りません、教諭の例もたくさんあります。

その教諭ですが、かつて採用していなかったレベルの人材を採用せざるをえない状況にあると聞きます。つまり、優秀な若者がこの職を目指さないからです。仕事がきつく過酷であるために、教職に幻滅したこと、もう一つは必要とされる学力がない学生でも採用試験を受ける実態があること、などが理由に挙げられます。

特に小学校は2005年以降、規制緩和により養成できる学校が増えました。そして、試験の倍率がかつては10倍以上あったところでも2倍台、3倍台という自治体も出てきました。

大切なのは、講師であれ教諭であれ、倍率が低かろうが高かろうが、学習指導や生徒指導の質を下げない学生が採用されれば何ら問題はないわけです。そうは言ってはみたものの、憂える事態が今後も続く可能性はあります。

■学校からなくなったもの

　学校や地域により多少の差はあるでしょうが、かつての学校からなくなったものがたくさんあります。それは「モノ」であったり「こころ」であったりと物心両面です。なくなってよかったもの、残したかったもの、それぞれですが気がついたところからいくつか挙げてみます。

　●学校生活　…赤のランドセルと黒のランドセル。少数派になりました。

　　　　　　　名前を呼び捨てにせず、男子も「さん」と。石油（石炭）ストーブ。虫の写真の学習帳は気持ち悪いとの意見から植物に。

　●安全対策　…電話連絡網や名札等、個人情報は出さないよう配慮します。連絡はメール配信が主流になってきました。

　●理　　科　…アルコールランプが安全面からガスコンロに。小学校で気温の変化を測る学習がありますが、百葉箱はほとんど使われなくなりました。鮒の解剖はなくなってずいぶんと経ちます。

　●体 育 科　…消石灰は有害であるため炭酸カルシウムになりました。

　　　　　　　腰洗い槽は高濃度の塩素に過敏症の児童がいるためシャワーで代替。組体操は安全面に考慮して。

　●つめこみ教育　…欧米では日本のこの教育を見直す動き

があります。

　漢字ドリル、計算ドリル。反復練習の機会が減る傾向に。

●保健指導　…風邪薬や腹薬、赤チンなど。座高検査は健康との関連が不明確であるとの指摘から。手洗い場の固形石鹸。

●は　だ　色　…人権に配慮して「ペールオレンジ」や「うすだいだい」に。

●遊　び　等　…ゴム飛びや馬飛び等道具をほとんど使わない遊び。休み時間に見られるのは主にボールを使う運動や遊びに。

●宗教的要素のある行事　…プール開きでの塩や酒によるお祓い。左義長。給食を食べる際の「合掌」

●遊　　　具　…ブランコや回旋塔等は安全面から撤去の方向へ。

●け　ん　か　…特に取っ組み合いのけんかはみかけなくなりました。けんかは手足を出さない陰湿な行動へ。

●居残り給食、居残り当番　…人権と帰宅時の安全面などから。居残り勉強さえも時間の余裕の無さらかできなくなっています。

●焼　却　炉　…可能な範囲で学校で処理していましたが、環境問題や安全面を考えて設置されなくなりました。

●ほったらかし　…良い意味で、自分で考えさせ行動させて、時には失敗も経験させる、そんな指導は

　少なくなりました。

　並べてみるとセピア色を感じるなどして、なつかしく愛おし
くなります。昔はよかったと言える事柄もあって、世知辛い世
の中と感じてしまうのは私だけでしょうか。

第2章

教師の百人百様

教師を「聖職者」と称することがあります。面映ゆく及び腰にさえなりそうな例えです。本来はそれほどに崇高で重んじられる職業であるからこその表現でしょうが、こう言われるとかなり重荷を感じるのは私だけではないでしょう。かといっていい加減な気持ちで務めているわけでは毛頭なく、ただ言葉の重さに圧されそうになります。恬としていればいいのでしょうが、周囲の期待（要求）の大きさに押しつぶされそうな感覚に陥ります。

　私は三十数年教師生活を送りましたが、その間、千姿万態といいますか、たくさんの個性的で魅力的な教師に出会いました。私にはない能力をたくさんもっていて、随分と学ぶことができました。この職業に就くために生まれてきたような人がいるかと思えば、不向きと思わせる人もいました。羊頭を掲げて狗肉を売るような者もいて、担任された子供たちがかわいそうと思わせられたりもしました。

　教師も人間ですからいろいろ居て当然ですし、だからこそ教育の世界が発展していくのだろうと思っています。多様で豊かな個性を引っ張っていくには、ひとつの学校にいろいろなタイプがいたほうがいいとの思いもあります。

　教師は概して真面目な人といったイメージがついています。基本的なところはそうかもしれませんが、中には破天荒であったりユーモアがあってお笑い芸人みたいだったりします。芸術家肌、国体級のスポーツマン、短気もいればおっとり型もいます。不愛想だったり、仏様と言われるほどやさしかったりと、実におもしろい集団です。奇しき縁を感じながらよい思い出もたくさんできました。

　私の父は教師でしたが、初めからなろうとしていたわけでは
ありません。民間企業の入社試験に手違いで遅れてしまい、戦
後間もない時期でもあったからか働き口がなくなったために、
それなら学校の先生にでもなろうかといった所謂「でもしか先
生」です。昭和20年代の話です。

　平成、令和の時代になっても職業として選ぶ理由やきっかけ
はそれぞれにあります。私もまたこの職に就くまではやってみ
たい職業があって、会社訪問に精を出した過去があります。

　この章では、外部にあってはあまり知られていない教師の姿
をいくつかの切り口から紹介して、教師理解、引いては学校教
育理解が図れたらと思います。

■教師になる人

　この職を目指すタイプは真面目で芯があり、教えることに関
心が高く子供が好き、というのが一般的であろうと思われま
す。気の強さも時には必要なので、そういった面も兼ね備えて
いる気がします。

　情に厚く面倒みがよい教師も多くいますし、責任や正義とい
う面からは敏感に行動します。特に人が相手の仕事ですから、
接し方には気を配れます。さらに自分の仕事に対しては誠実に
こなそうとしますし、そのためには時間や時にはお金を惜しみ
ません。家族を犠牲にするなどざらにあります。この仕事には
時間外手当はありませんが、土日や早朝、夜間の勤務も厭わず
取り組みます。世間ではこの仕事を"ブラック"などと評しま

すが、あれこれ騒がしく言われるようになるまでは、そのような考えや意識はあまりなかったように思います。近ごろはそれを自覚しつつあるようですが、自分の置かれた境遇に逆らうというような態度は非常に少なく、日々黙々と仕事に精を出します。

と、ここまではよい面ばかりですが、教師も人間、これらに当てはまらない者もいます。職務にまい進せずいいかげんな態度、周囲には情のない接し方、規律からはみ出したり上司からたしなめられたり、そして叱責されたり、と不届き者がときにいます。

また、融通が利かない、妙なプライドがあり自信家、視野がせまく教育のことしか話せない、といった短所が全面に出る者もいます。社会性に欠け規範意識が低かったりもします。

学校では授業の在り方や指導方法についてよく議論をします。我流では分かりやすく理解させるのは難しく、学習内容が身に付かないままで終わる場合が多いからです。ですから、授業について話し合いを重ねるこの作業はとても重要な仕事であり、必須です。

そんな授業にたいする議論中に起こった出来事です。ある女性教師の授業（学校内で公開）について協議していたときのちょっとした事件です。それは理解に導くのには問題がありました。考えさせどころや学習作業など、適切ではないとの意見が多く出されました。その時の彼女は20代後半で経験は浅いのですが、自分の授業のよさやその特徴を滔々と語りだしました。終いには、「教育とはかくあるべき、云々」などと学者まがいの言いようでした。そこにいるほとんどが口を揃え、改善

すべき点があると意見を述べるのですが、聞き入れません。泣いてまで自分の主張を通すといった事態にまでなりました。

　後は周りが大人になるしかありませんでした。まず時間を置いてというところです。あの自信はどこから来るのか、そしてそれほど感情的になるほどだったのか、いまだよくわかりません。

　教師生活が始まって数年しか経っていない頃ですが、早々とこの世界の紆余曲折といいますか山あり谷ありを予感した出来事でした。

■学級崩壊のこと

　学級崩壊は1999年に国立教育研究所（当時）が、マスコミが使いだした「学級崩壊」という語に対して次のように定義しました。

　「学級機能しない状況」で「子どもたちが教室内で勝手な行動をして教師の指導に従わず、授業が成立しないなど、集団教育という学校の機能が成立しない学級の状態が一定期間継続し、学級担任による通常の手法では問題解決ができない状態に至っている場合」

　小1プロブレムのように入学直後に見られる形もありますし、ギャングエイジと呼ばれる中学年の、やんちゃな行動が度を超して問題を引き起こす場合もあります。さらに、高学年の

ように身心の発達にまかせて反抗する例も多く見られるように
なりました。

　ひとたび学級が崩壊すると、担任では回復が非常に難しく厄
介な状況を招きます。私は学級崩壊を招いた担任が、自力で立
て直した例に出会えませんでした。多くの場合、教務主任や生
徒指導主事、あるいは教頭が補助してしのぎます。

　ここに至ると教室は学習空間ではなく、子供たちの思い通り
になる非教育的な部屋になります。担任ががんばればがんばる
ほど泥沼に足をとられたようにひどくなります。

　学級崩壊には兆候があり、学級崩壊に至る過程が子供たちの
言動に見受けられます。家庭でもその特徴が見られます。

着眼

　　・時間が守れない。授業が時刻通りに始められない。

　　・短い時間であっても話が聞けない。

　　・落ち着きがなくいつもざわついている。姿勢が悪くな
　　　る。

　　・けがが多くなる。

　　・友達がいやがらせをする。(物を隠す、馬鹿にする、机
　　　を離す等)

　　・すぐに言い訳する。(「だって…」「でも…」)

　　・教室としてのまとまり(団結力)が目に見えてなくなる。

　　・担任や友達の言うことに無関心になる。

　　・家で友達や担任などの悪口を言うようになる。

こうした状態が続くようだと、かなり高い割合でその教室は

授業が成立せず、あるべき集団としての体を成さなくなります。

　とても困るのはこの兆候をきっかけにして、いじめが教室の中で横行する場合です。大きな社会問題にさえなっているいじめは、これらの言動からも起こりうる可能性があります。

　こうした現象の多くは担任に原因があり、学級崩壊に陥らせる担任にはこれもまたいくつかの共通点があります。

着眼

- ・約束を守らない
  - …約束ごとを口にしておいてそれを守らない、実行しない。
- ・教え方が下手
  - …いちばんに必要な要件が足りない。
- ・時間にルーズ
  - …時刻通りに授業が始められない、終われない等。集団教育の場では時間によって動くという、基本的な規範に無頓着。
- ・身だしなみが整わない
  - …髭が残っている、いつも同じネクタイ、シャツが汚れている等。また机やその周りがちらかっている。
- ・叱れない・褒められない
  - …教え導くに必要な行為が適時行えない。
- ・贔屓する
  - …意識・無意識を問わず特定の子供に目をかける。
- ・筋の通らないことを言う

…無茶な指示や要求をする。
　・ヒステリックに怒る
　　　…感情にまかせてただ怒りをぶつける。片言隻語にも
　　　　敏感。
　・日々自信のない態度をみせる
　　　…声が小さいとか気弱な感じを与える。

　学級崩壊を引き起こす前提とほぼ重なり、どれも不信感を抱かせるばかりか、終いには反感をもたせてしまいます。人を見る目は大人と変わりません。行動をよく見ていますし、言葉にも敏感です。そしてそれらをかなり的確に評価でき、批判的思考もあります。幼いからと安易な気持ちで接するのは戒めなければなりません。

> **蘊蓄** **小1プロブレム**
> 　小学校に入学した1年生が学校になじめず、集団行動がとれない、教師の話を聞かない、教室内を歩き回る、などの状態が続くこと。

■おそれ多い名刺

　ほとんどの教師は名刺を持ちません。作らないのです。さすがに校長は持っているでしょうが、管理職である教頭の中にも持たない者がいます。したがって、学校外を訪問したり交渉し

たりする際にも名刺は出しません。相手が出しても出しません。それを疑問に思いませんし、ごく自然なふるまいになってしまっています。先方は名刺を出さないので怪訝な顔をして待つのですが、そんな時は何で変な顔をしているのだろうと分かっていない始末です。中には名刺をいただきたいと怒る方もいますが、それはそうでしょう。その方は日本社会のしきたり通り、常識に則って名刺を出しているのですから。

　担任であっても外部の方と接触することはいろいろとありますし、お願いごとだってあります。そんな時に名刺は一定の役割を果たすのですが、そうした意識が低いか無いのです。名刺がなくとも私のことは覚えているでしょう、とは思ってはいないでしょうが、これで交渉などに支障をきたす陥穽があると気付いていません。

　いつのころからそうなのかは分かりませんが、私の周りにも名刺をもっている職員はいませんでした。不作為というよりは名刺を持つ発想がないのです。

　私が管理職になった時に、担任も名刺を作ったらどうだろうと、提案したのですが一顧だにされませんでした。名刺など持って何になる、必要は感じないと言う担任さえいました。ある担任は「私みたいなものが名刺なんてとんでもない」といった具合です。私に言わせてもらえれば、「私みたいなものだから持って」なのですが。多分、管理職の中でも私のような考え方は少数派だろうと思います。

　いずれにしても世間的には恥ずかしいかぎりです。名刺を忘れたり遅く出したりしても恥をかく行為なのに、持たない社会人組織が現に存在しているのです。

総合的な学習の時間に、自分なりの個性あふれる名刺を作って自己紹介し合うという授業を参観しました。でも、その授業を進めた担任は自分の名刺はもっていませんでした。

■スーツとスニーカー

　近ごろはスーツにスニーカーを合わせるのもおしゃれのひとつのようです。海外ではスーツにスニーカーが着実に市民権を得ていると聞きました。国内では政府が「ビジネスパーソンの運動実施率の引き上げ」として「スニーカー運動」を推奨しており、2017年にスポーツ庁が「FAN＋WALK PROJECT」として健康増進につなげようとしました。

　しかし、こうしたスタイルは日本ではまだ少数派のようで、恰好が悪いとか品がないなどとして、まだまだビジネスマンはスーツに革靴が一般的なようです。これがひと昔ふた昔前なら、迷うことなく革靴です。それ以外に考えられなかったでしょう。

　ところが教師はそうでありません。スーツ姿にスニーカー（シューズ）を履いていればまずまちがいなく教師というのが"定説"です。いけないというわけではありませんが、せっかくのスーツが台無しです。それくらいならスーツを着なければいいのにという意見さえありましたが、そうした姿はめずらしくありませんでした。

　あえてそれを擁護するとすれば、仕事の性格上、いついかなる時でも動きやすいように、そして子供の安全面を確保するの

にふさわしいからと言えなくもありません。しかし、校舎内は
それが当てはまるとはいえ、出張や研修会などで学校外に出る
場合は、やはりスーツに革靴でしょう。服装の指導をする立場
でもありますから、社会人本来の一般的な服装を示しておいた
ほうがよいと思われます。

　足元にまつわるこんなエピソードがあります。研修のため県
外から大学の先生を呼ぶ機会がありました。研修が終わった後
は、その先生を囲んでの懇親の席なのですが、その先生はある
男性教師がお酒を注ぎにきた際に「君、スーツに白い靴下はや
めんかね」と意見されました。スーツに白い靴下はおかしいだ
ろうというわけです。確かに企業など他の職業では履かないと
思われます。これまた職業上の悪習がなせる業というべきで
しょうか。残念ながら、当人はぴんときていない様子で、何が
いけないのかよく分かっていませんでした。

　身なりで人を分け隔てし、判断するのは、けっしてしてはい
けないのですが、社会一般からかけ離れれば非難もありえま
す。

> **蘊蓄** **FAN＋WALK PROJECT**
>
> 　「歩く」に「楽しい」を組み合わせて、歩く習慣
> を身に付けて国民の健康増進を図ろうとする取り
> 組み。さらにスポーツ参画人口の拡大を進めるも
> の。「WALK BIZファッションショー」、「銀座散
> 歩」「階段で足腰を健康に！」など企業、自治体、
> 各種団体が様々な形で進めている。

■教師はセンス

　小学校では女性教師の割合が高く、男性のいない学年はめずらしくはありません。だからというわけではないでしょうが、男性が担任になると、保護者からは歓迎される傾向にあります。男性だから優秀というはずはないのですが、実際にそういう声をたびたび聞きました。それと同じ感覚なのでしょうか、担任が若すぎるとがっかりされる様子が窺えました。やはり場数を踏み経験豊かであったほうが、頼りがいがあるのでしょう。

　ですが、私が見聞きした限りにおいては、こうした見解はあまり当てになりません。少なくとも義務教育の学校においては、求められるのは別のところにあると考えられます。それは、何かといえば「教師としてのセンス」というのが私の持論です。人を教える職業ですから一定程度の学力は必要ですし、積み重ねてきた経験が生きる、といった点はもちろん否定できません。大切ではありますが、これらが備わっていてもセンスがないとかなり苦労しますし、ハンディを負いながらの日々となるでしょう。

　センスはどんな仕事にも大切です。そのセンスに磨きをかけた人が優れた職業人になります。確かに努力や経験で大成する場合もあるでしょうが、この職業は子供たちや保護者など、人相手ですからその存在を認めてもらい、指示されるようなセンスが不可欠です。それは例えば指導力を筆頭に社会性や適応力・順応性、思いやり、行動力、判断力、危機管理能力、協調性、忍耐などとたくさんありますがどれも必要です。別の言い

方をすれば、通知表の行動性格欄にある項目のすべてが求められているといえます。完璧な人間はいませんが、それらが求められていると肌で感じてきましたし、どの分野においてもそこそこのレベルがないと小学校や中学校では務まりにくいはずです。ただ単純に堅物とだけとらえられると困ります。少しばかりいたずらをしてみたり、ユーモアが理解できたりといった人間味もまたほしいところです。

　書くのは簡単、探すのは難しい教師像になりましたが、私の経験から良い先生（センスのある教師）と評価されてきた共通点を挙げてみます。

　それは、教え方がうまくて労を惜しまない、そして心やさしく良識のある人です。おそらく保護者の皆さんの見る目も同じではないでしょうか。

蘊蓄　小学校における女性教師の割合

（国立・公立・私立）

　小学校教員総数は3,595人で
　女性教師は2,324人で64.6%

富山県「学校基本調査」2020年

　小学校教員総数は422,543人で
　女性教師は263,179人で62.3%

文部科学省「学校基本調査」2020年

■「子供のために」というきれいごと

　「子供のために」と言う教師が好きになれません。あえて言わなくてもそのためにこの仕事に就いているのですから、あらためて言われると不自然に感じるからです。胡乱げで嫌悪感さえもちます。子供ためにと言っていれば誠意があって使命感が強いと思われたいのでしょう。そう勘ぐってしまいます。私が知る限り人望があり仕事のできる教師がそう言うのを聞いたためしがありません。

　このように表現する教師の特徴を私なりに挙げてみます。

着眼

- ・子供のためにという割には、教育に一途ではない（手の抜き方はうまい）。
- ・保護者に愛想が良い（自分より下とみる同業には厳しい）。
- ・学年だよりなど文章でも「子供のために」を多用する。
- ・教育観、教育理論等においてもっともらしく言うに長けている。

　多分、そう言うのは、それとは別に意図するものがあって、自分への評価を期待しているのか、あるいは何も考えていないのか、いずれにしてもあまり使わないほうがよい気がします。親が子供のために、と言うのとは違います。

　「子供のために」を使っても説得力がある教師がいます。常

日頃から身を粉にして、全身全霊で教育していると誰もが認めています。ですから子供たちにも保護者にも人気があります。慕われ信頼されています。それがうらやましく少しでも近づきたいと頑張ってはきたつもりですが、なかなか難しいものです。そしてたいていは思慮深く、思いやりがあって、教えるための努力を惜しみません。子供たちにも保護者にも親身になって接します。正直で飾らず誠実です。それで叱らないかというと、人の道に外れたおこないには厳しい態度で接します。でも反発されたり嫌われたりしません。さらに絆が深まっていくから不思議です。

　おそらくどの学校にもいるだろうと思います。また、それを見習おうとする若い教師には、きっと「子供のために」と言うにふさわしい部分があるにちがいありません。でも、きっと彼らはそんな言葉遣いはしないはずです。

■教師のコモンセンス

　私は教員採用試験には一度で通らなかったため、講師をしていた時期がありました。講師は正規ではありませんから、仕事の内容はそれほど変わらなくとも身分は不安定です。子供たちは同じように先生として接してくれますが、保護者の中には大丈夫だろうかと不安視する方もいます。それはそれで気持ちは分かります。

　そんな時、自分の力の無さを棚に上げて恐縮ですが、正式採用の先生に対して疑問をもったのを思い出します。こんな人が

いるために自分は採用されないのかなどと生意気にも思ったのです。採用されてからもその思いはあり、このような人が先生と呼ばれているのかと不信感がありました。

　例えば、仕事をしない（手を抜く）。それは学習指導であったり、行事や日常の活動の際であったりします。皆で取り組むべき仕事にも協調性がありません。平たく申せば自己中心的で不精といえましょうか。こういう教師は周囲の批判は気にしません。あるいは自分はよくやっていると本気で思っている節さえあります。ところが他が同じ態度だと批判します。他人のそれには拘泥があるのでしょう。これはあまりにも自己中心的な振る舞いです。日常生活の言動に問題のあるケースがあります。出勤してきたときに挨拶をしない（保護者には挨拶をするようです）、笑顔がなくむっつりしている、時間が守れない（体育館等での集会はいつもそのクラスが最後、職員会議は始まる時刻に着席できない等）、冗談がまるで通じないというのもあります。職員室内にカオスを作り出しているようなものです。

　どうにもならないのが義理とか人情に関わるふるまいです。これは人それぞれの気持ちの問題でもありますから強く言えませんが、以前ならあり得なかった行動が出てきています。例えば、学期のど真ん中に長期の新婚旅行に行く、これに時季変更権を行使する校長はあまりいないでしょう。行っていけなくはありませんから。

　ノートや作品をしっかり見ないでサインだけをしておく、教材として購入したにもかかわらず使用しない、指導計画の通りに授業が進められない、同僚にいじわるする等、世間で問題になるような人間性は残念ながら存在します。

［出産後の休業　－母親の場合］

	出産 2021年6月1日	産後8週 7月27日	満1歳 2022年5月31日	満3歳 2024年5月31日 …最長
	産後休業	育児休業（無給）		

　それから育児休業。これは当然の権利ですし、子育てという大切な役目があるのでとても重要です。私たちの頃は、切りのいいところを考えて育児休業を取得していました。学期や年度の始まり、終わりを意識しました。学習進度や代員の配置に気を遣ったからです。近ごろはそうでもなく、法的に取得できる最後の日までというパターンも多くなってきました。ですから育児休業終了が、例えば4月10日であれば11日から復帰となります。始業式、入学式を終えたところで出勤となりますが、その間、該当のクラスは仮担任で過ごすことになります。

　これは当然の権利を行使しているので問題はありません。ただ、以前であれば3月31日で育児休業を終える場合が多かったという昔話です。

> **蘊蓄** **時季変更権**
>
> 　請求された時季に有給休暇を与えることが事業の正常な運営を妨げる場合においては他の時季にこれを与えることができる。
>
> 　　　　　　　　　　　　…労働基準法第39条

■人気の教師、嫌われる教師

　子供はとてもしっかり大人を見て、判断しています。それが毎日、長い時間いっしょに過ごす教師であればなおさらです。

　そんな中で、人気があるのは次のようなタイプと思われます。

着眼
　　・教え方が上手。
　　・ユーモアがあって明るい。
　　・誰にでも公平に接する。
　　・共に行動してくれる（存在が身近に感じられる）。
　　・話を聞くなど不満や悩みを受け止めてくれる。
　　・筋道を立てて叱れる。

　反対に嫌われるタイプはというと、人気の反対を考えればいいのですが、次のようになるでしょうか。

着眼
　　・やさしさに欠け思いやりがない。
　　・学習内容をしっかり教えてくれない。
　　・約束を守らない（時間が守れない、口にしたことを実行しない）。
　　・えこひいきする。
　　・身の回りがきちんとしていない（ちらかっている、同じ服装など不潔感を与える）。
　　・はきはきしておらず暗い印象を与え、とっつきにくい。

　　・自慢したり偉そうにしたりする。

　子供たちは大人に引けを取らないくらい人物をよく見て評価
しています。その評価はかなり正しくてうかうかしていられま
せん。

　私が30代の始めの頃、同僚だった女性のＷ先生はとても人気
がありました。尊敬されていたといった表現が適切かもしれま
せん。私など少しでも近づきたいと思ったものです。

　私なりにその"人気"の原因を解釈すれば、やさしさときび
しさ、そしてたくましさを備えていたからだと思っています。
これらは、この仕事にとり大切な条件であるような気がしてい
ます。それが伝わる本物だったということでしょう。どんな場
面でも、どんな人たちにも分け隔てなく慈愛をもって接し、あ
らゆることに自分を律しながら、間違った言動には毅然と接す
る姿勢を貫いていました。困難に対し、簡単にあきらめないこ
とを教えるとともに、経験がなくとも挑戦する大切さを指導で
きる方でもありました。子供たちを引き付けたのは、言うだけ
ではなく自らが実行したからです。

■時に必要な批判

　息子の個別懇談会に行ったときのことです。割り当てられた
時刻の10分前には、懇談が行われる教室横の待合室で待機して
いました。ところが予定時刻になっても案内がありません。時
刻通りに終われない場合もありますので、担任は懇談が終われ

ば保護者が待つところへ行き、知らせる手はずはどの学校でも同じです。

　ところが、予定から15分経ち20分経ち、それでも案内がありません。30分経った頃に様子をうかがうと、すでに前の保護者の懇談が終わっており、担任は椅子に座っていました。私が「いいですか」と聞くと「どうぞ。（前の保護者が）終わってずいぶん経ちますよ」との返事。呆れました。いちいち呼ばなくとも察してきなさい、と言わんばかりの態度です。懇談が始まればほおづえをつきながらの会話。学級経営がうまくいっていないという噂はありましたが、同じ職業に就いている者として情けなく思いました。

　このように教師としてというよりは、人としての在り方が問われるような人物がいます。走る車の窓から煙草の包み紙を捨てる、学習作業ばかりさせてほとんどの授業時間は座ったまま、外部の人にはにこやかに挨拶するのに教職員にはそうしない、廊下にゴミが落ちていると分かっているのに始末をしようともせず知らぬ顔で通り過ぎる、たくさんの手がいる作業に参加せず職員室で不急の仕事をする等、あきれるような醜態があります。

　神戸市の小学校で同僚に激辛カレーを無理やり食べさせる事件がありましたが、事情は違うものの、いじめまがいやいやがらせも目にしてきました。教室では「いじめは絶対にいけません」と指導する立場にあるにも関わらずです。

　とても困るのは、指導上、教職員が一丸となってやりましょう、と共通理解（あるいは職務命令）の指導事項に対し、無視をしているのかやる気がないのか、そうする力がないのか分か

りませんが、取り組んでくれない態度でした。例えば、不審者
への対応や危険個所に対する指導を行わない、給食時間が終わ
るまで教室を出ないというような学校のきまりに従わせず自由
にさせている、全校合唱に合わせるための歌の練習を疎かにし
てその教室だけが歌えない、学力を向上させるための学年に応
じた取り組みに消極的で手立てを講じようとしない、乱暴な言
葉遣いやえこひいきを止めない、共通の提出物が出せない、と
いった類いまであります。

　なぜこの道を選んだのだろう、向いていないのではないかな
と思わせる者は何人かいました。もちろんこれらは極々一部で
あると承知していただいていると思います。

　しかしながら、こうした指導者であるはずの存在は、あちら
こちらにしわ寄せがいきます。教育推進に大いに差し障りがあ
るだけに、迷惑をかける存在にもなります。保護者や地域から
の筋の通らないクレームは困りますが、ここに挙げたような教
師に対して、ぜひ声を挙げていただきたいと思ったのは正直な
気持ちです。批正を聞く耳ぐらいはあるだろうと期待したいで
すし、外からの声によって目が覚めることもあるでしょう。

蘊蓄　教育職員の懲戒処分等の状況	
交通違反・交通事故	2,761人
体罰	578人
わいせつ行為等	282人
個人情報の不適切な取扱い	327人
その他	2,030人
文部科学省「公立学校教職員の人事行政状況調査」2018年	

■つぶしが効かない甘さ

　金属は溶かせば別のものとして再利用できます。こうした金属のように再利用できない役に立たないものを指して、つぶしが効かないといいます。職業にもあてはめて揶揄されるのが教師です。この表現には反発を覚えましたが、長く勤めていると否定しづらくなりました。

　つぶしが効かなくなる要因はいろいろあると考えられますが、例えば"甘さ"です。この職業は新しいものを取り入れなくても、あるいはわざわざ困難に飛び込まなくても職に留まれます。なぜなら公務員ですし、ある程度教える内容は決まっています。営利を追求したり業績に追われたりする職種ではありませんから、その意味において緊迫感は足りません（責任感のある教師はけっしてそうではありませんが）。私がいっしょに勤めたある校長は「研修はそれほど必要ない。力をいれなくてもよい」という考えの持ち主でした。授業力向上や資質を高めるのに研修はとても大切なはずですが、こうしたところにも甘さが見えてきます。

　他にもあります。これまでに無かった提案には非常に抵抗を示します。既存の職務の範疇を侵されたくない意識に加え、それに取り組むエネルギーを出し惜しみするきらいがあります。前例を踏襲さえしていれば、苦労はしませんし我が身は安泰だからです。これではいつのまにか創造力や実行力、挑戦力は失われていきます。いうまでもなく教師はこれらを養うのが職務です。

　また世間知らず、などと言われます。新聞をしっかり読んだ

り、教育書以外の読書をしたりするための時間はあまりとれていないかもしれません。それは政治や経済、外交、文化など教育以外の分野には疎く、日ごろの会話にはあまり出てこないことからも伺い知れます。「教育」が語れれば一応は通るからです。専門的知識はなくとも、ある程度の社会の仕組みを知っておくのはとても大切なはずです。

　日ごろから「先生」と言われている点にも甘えがあるかもしれません。先生と言われて尊敬されていると勘違いしています。先生と呼ばれるのは「先生という職業」だからと謙虚に考えられないのです。真剣に教職に携わっているつもりがあるならば、矜持を胸に勤しむべきですし、妙な勘違いは滑稽でさえあります。

　甘さのない者ほど「自分はまだまだ甘い」と、我が身を振り返られるから皮肉なものです。

■教師の上昇志向

　上昇志向は「向上心やハングリー精神により、より高い次元を目指そうとする気持ち」をいいます。これが「上昇志向が強い」となると、向上心が強いとは解釈されないのが一般的です。つまり出世したいとか権力をもちたいという意味になります。

　先生と呼ばれる人の中にも、ご多分に漏れずそういう者がいます。

　教頭試験（管理職選考試験）が間近に迫ったある教務主任は、

本務の専念義務を怠り、勤務中でもテキストを開き猛勉強。こ
れは日ごろから職員室の机上にテキストを備えていたために、
当然、教職員の知るところとなりました。この教務主任の行動
は教職員の不信を招きましたが、当の本人は意に介しません。
合格すればこちらのもの、他人の眼など気にしていられるかと
いった態度です。これこそ軽佻にして浮薄です。

　管理職を目指すのを悪いとは言い切れません。担任とは違う
立場で教育に携わり、学校経営を主導していく中でよりよい教
育を実現したいとの思いは、それなりに意義はありましょう。
管理職、特に校長であれば一定の範囲内においては、学校経営
の中で教育方針を決め、育てたい子供像を描いてそれを推進す
るのが可能です。リーダーシップを発揮できる機会が与えられ
ますからやり甲斐はあります。だからといって、人目もはばか
らず、露骨でなりふり構わずの姿は問題があります。上昇志向
が強すぎると周りが見えなくなるのかもしれません。

　もっと分かりやすいのが肩書によって応対を変える場合で
す。教育委員会の職員や校長にはぺこぺこして、自分より下の
人間とみるや偉そうにするあのタイプです。私にも経験があり
ます。ある会合の休憩中に談話していた際、側を教育委員会の
勤務経験者が通りかかりました。すると私と話していた教師
は、話が弾む中でひと言も残さず一目散に彼のもとに駆け寄っ
て行きました。一人取り残された私の心情を察していただける
でしょうか。普通なら断りを入れるか何かしらのアクションが
あってしかるべきでしょうが、オポチュニストで人間性が欠落
していると断じたい思いです。

　教頭や校長、教育委員会に勤務になったとたんに、人間性が

変わってしまう（元々そうだったのかもしれませんが）という
のもありました。得々とした態度が露わで目の前で挨拶をして
も返されない経験があります。こんな教師でも子供たちや保護
者の前では教育を語れますから、上昇志向の人物であると見抜
くのは難しいかもしれません。

　第16代アメリカ合衆国大統領であったエイブラハム・リン
カーンの言葉「人の本性を確認したい時はその人に権力をもた
せるとよい」とは言い得て妙です。

蘊蓄　**学校経営**

　民間経営的手法を学校教育に応用するもの。学
校教育の目的をより効果的に達成する。校長はそ
の役割を担う主経営者となる。

　かつては"学校運営"としていた。

■非教育学部系教師と転職組教師

　かつて教師になる者の多くは教育学部出身でした。富山県で
あれば、富山大学又は金沢大学、新潟大学が多数を占めてお
り、私立やその他の国立大学の出身者は少数でした。

　余談ですが、当時、教職員録が書店でも販売されていて、全
教職員の氏名、住所、電話番号、給与の号給が載せられていま
した。今では考えられません。教職員の学歴を知るのもそれほ
ど難しくはない時代です。

さて、教える仕事ですから教育学部でしっかり学んだほうが
よいのでしょうが、案外そうでなくとも適材になり得ます。教
科としての専門性は別ですが、それは経験を積みながら身に付
けられることも多く、やはり教師は「人となり」との見方がで
きるのではないでしょうか。

　また、それまでは別の職業だった者も意外にいて、個性的で
魅力があります。前職が会社員であったり別の公務員であった
りします。他の社会を見てきた人はそれなりに見識があり、多
様な見方考え方で子供たちに刺激が与えられもするでしょう
し、型にはまらない教育観は独特で可能性の広がりが感じられ
ます。

　いずれがよいというわけではありませんが、教えられる側に
それぞれに個性があるように、教える側にもいろいろな人間が
いた方が、教育を進める上ではよいのではという考え方も成り
立つかもしれません。

　とは申せ、教育をみっちり学び「研究と修養に努めて」きた
のであれば、やはり強力です。その中で東京学芸大学准教授の
細川太輔氏はよい例です。

　細川氏は、学校の授業研究を推し進める目的で招聘し、指導
をしていただいた方です。学校内だけで教育技術や教育理論な
ど、学校教育に求められる研究を進めていては限界があり、よ
り有効な指導方法に気づかないまま、あるいは知らないまま教
育に携わりかねません。多忙な中にいると、今行っている指導
法でよしとしてしまいがちです。外部からの刺激によって新し
い教育が生まれるでしょうし、教職に携わる者としての能力を
引き出す一助にもなります。ですから、研究には外部からの力

を得るのは効果的であろうというのが私の考え方でした。

　細川氏は東京大学教育学部卒業です。いうまでもなく東京大学は最高学府中の最古学府と言われています。それでもって来ていただいたわけではありません。むしろ私は義務教育には、「高すぎる偏差値はじゃまになる」といった「偏見」をもっていました。

　来ていただいた理由は、研究内容が、私が求めていたものに非常に近かった点と、何より小学校の担任経験があるからでした。理論ばかりで経験に裏付けされていない研究には、少しばかり疑問をもっていたのです。当学部出身者で小学校の教師になった例はないとお聞きしました。リテラシーの高さや研究者としてのイノベーションからも多くを学ぶ機会になりました。

　ご自身の研究と公開授業の分析をかみ合わせながら論理明快に話され、実践的内容は担任にとってこれからの指導に生かせるものでした。教育について理論も実践も鍛え上げてきたその様には圧倒されました。その英邁さの中に気取り驕りはなく、非常に好感がもたれる人柄からも、来ていただいてよかったという思いです。

■自尊感情を育てる使命

　「教育は自分がかけがえのない人間であることに誰もが気づくよう、手助けをする手段であるべきだ」

　アメリカの教育学者であるレオ・ブルカーリアのことばですが、日本の教育においてもこの点は重視され、学校ではこれに

日々心を砕いています。重要な務めでありながら簡単な問題ではないからです。

　学校では生徒指導や学級経営上、避けて通れない重要事項であるため、近年、子供たちの自尊感情を育てることに力を入れてきました。自尊感情は自己肯定感とほぼ同じ意味をもち、教育再生実行会議における第十次提言で「自己肯定感を高め、自らの手で未来を切り拓く子供を育む教育の実践に向けた学校、家庭、地域の教育力の向上」でも示されています。

　なぜそれほど重視されるようになったかといえば、自分の存在に自信がなく、自分が在ると認められない子供が増えてきているからです。これは、学習面ばかりではなく様々な行動に影響し、成長を妨げる外、人間関係にも支障をきたしています。それはいじめに結びつく場合もありますし、不幸にして命の問題に結びつく場合さえあります。

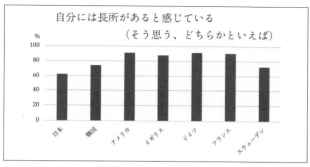

自分には長所があると感じている
（そう思う、どちらかといえば）

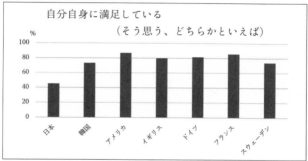

自分自身に満足している
（そう思う、どちらかといえば）

内閣府「我が国と諸外国の若者の意識に関する調査
―満13歳から29歳対象」2018年

　優れた教師はそれぞれの子供を尊重し、長所を引き出します。それができている教室では効果が如実に出ています。その具体的な教室の姿が次になります。

着眼

　・雰囲気が明るい。

　・一人でいる子がいない。

　・活動では体がよく動いている（何ごとにも意欲的）。

・担任を見る目がやさしい。
・学習中の発言が多い。
・友達の話をよく聞いている。

　こうした教室には自尊感情が備わっていて、自己を肯定できているといえます。生き生きと活動できている教室は安心ですし、それぞれに居場所があり安定した気持ちでいられます。健やかな成長はこのような教室でこそ期待できます。

■地味でも基本重視

　精神科医、臨床心理士、大学教授、受験アドバイザー、小説家、評論家と博学多才な和田秀樹氏は「欧米ではかつての日本を手本にした基礎学力重視の考え方」が取り入れられてきていると述べています。そして日本では「基礎学力があるから伸ばせる応用学力なのに、初等中等教育における基礎学力の習得を犠牲にしている」と強調しています（SB新書「60歳からの勉強法」）。

　これには共感できます。それはひと頃、基礎学力をそれほど大切にしなかった時期を体験してきたからです。特に小学校では顕著のように思います。

　例えば、指導力のない者ほど見た目に派手で、ややもすると奇を衒う授業をします。何かすごいことをやっているぞとアピールしたいのかもしれません。これが楽しく分かる授業、身に付く授業であれば文句のつけようはないのですが、ただ花火

を打ち上げてみただけの授業では本末転倒です。

　そしてもっともよくないのが基礎基本を徹底的に教えない学習指導です。学習の基礎基本を徹底するには、地道に時間と根気が必要です。これは仕事とはいえとても骨がおれます。中には指導要領にある「思考力、判断力、表現力を育てる」ことへの誤った解釈をして、基礎基本を軽視します。

　例えば、算数の九九であればクラスの全員が習得するまで、放課後も利用して覚え込ませたものです。ところが、そのような徹底した指導は少なくなり、ある程度まで進んだ段階で、妥協して次の学習に進んでしまいます。

　この職業の性として「教える」とか「覚えさせる」といった「〜させる」行為を避ける傾向にあります。強制して無理やりさせる負のイメージを与えるからかもしれません。また、自主性や創造性を損なうとでも思っているのでしょうが、教えるときに教え、覚えさせるときに覚えさせなくて応用力はつくでしょうか。

　ましてや「詰め込み」などとんでもないといった意見が多数でしょう。ですが、詰め込めるときに詰め込まないほうが罪です。詰め込みという言葉が気になるのであれば、別の語を使えば済む程度の話です。

　ノートを丁寧に読んでやり、分かっていないことを探って指導してやれる教師は信頼できます。いつも人目を引くような授業をしなくても、チョーク１本の授業でも「分かる授業」「身に付く授業」ができれば、本物ではないですか。

　外部からの参観がある時にだけ、黒板にいろいろ貼ったり、教室中に教材を張り巡らしたりしているのは何か勘違いしてい

ます。

■「割れ窓理論」の実行

　怪我というのは嫌なもので、かすり傷程度ならまだしも重大な治療が必要な怪我となるとたいへんな事態に陥りがちです。怪我は、子供の不注意による場合もありますが、教師の側の配慮の足らなさ、中には無神経さからも起きます。全体に落ち着きが無かったり日ごろの指導が足りなかったりする教室は、怪我人が多く出る傾向にあります。保健室に来る子供をみて「またあのクラスから」と非難される始末です。

　心がけ次第で怪我が相当数防げるというのは、誰にでも分かっているはずですが、実際はそう簡単ではありません。日ごろから怪我防止のために、どれほど気配りしているかどうかが問題です。

　そのヒントになるのが「割れ窓理論」です。この理論は、窓がひとつ壊されたぐらいならいいだろうと放っておけば、窓は次々と壊され、ついにはあちらこちらが壊されていきます。そして、人々のモラルが下がり、町はどんどん荒れていきます。つまり、小さな犯罪をそのままにしておけば、ますます犯罪が横行してしまうという理論です。小さな事象も見逃さず取り組んで片付けていけば、町はきれいになり犯罪の減少につなげられます。

　アメリカの犯罪学者ジョージ・ケリングが考えました。ブロークン・ウィンドウ理論とも言い、ニューヨークのジュリ

アーニ市長の取組が知られています。

　この構えは子供に接する際にはとても重要で、割れ窓理論のセンスを持っているかそうでないかは、安心安全の確保に留まらず、学習面や生活指導面などあらゆる面に効果を発揮します。

　家庭科の包丁や図画工作科の彫刻刀もそうです。こうした刃物を使う時に、使い方そのもののほかにどうしたらどんな危険があるか、それを使い始めの時にだけ指導するのではなく、そろそろ油断してきそうな頃を見定めて再指導、再々指導するべきです。安全確保のためには、実態に合わせて何度でもしなくてはなりません。「不審者に気を付けましょう」と、ありきたりの言葉かけではなく、どんな場面でどんなふうに寄ってくるのかなと、事例を出しながら発達段階に合った切実感と臨場感ある指導ができなくてはなりません。

　保護者とのやりとりに使われる毎日の連絡帳に、ただハンコを押すだけか、ひと言だけでも的を射た言葉を記述できるかの違いは大きいですし、ノートの学習内容にマルを付けて終わるのではなく、課題解決に結びついたり次の学習意欲をもたらしたりするコメントが入れられるかどうかは、指導の在り方の根幹に関わるとさえいえます。

　こうした指導ができる教師はたくさんいます。全員といえないところが残念ではありますが、どちらであるかは、子供との会話や言動から判断できるはずです。割れ窓理論のセンスをもつかそうでないかを見極める目はとても大切です。

蘊蓄 **日本の割れ窓理論実践例**

東京都足立区　地域防犯ボランティアや花で彩る
　　まちづくりなど各種の取組み「ビューティフ
　　ル・ウィンドウズ運動」で刑法犯罪認知件数の
　　減少効果。

札幌中央署　　駐車違反の徹底取り締まりにより
　　路上駐車が3分の1以下に減少。ボランティア
　　による街頭パトロール強化で犯罪を15%減少。

■教室を救う教師

　負の部分を多くもった教室であっても、たった一人の力で立て直せる。これも私が教師生活から得た結論のひとつです。

　荒れたクラスだろうと（そもそも荒れるのは担任の責任）、元気のないどんよりとしたクラスだろうと、担任次第で教室の雰囲気も子供たちの言動もガラリと変えられます。学習意欲の低い集団もそうでなくなります。早ければ1、2か月で様子が変わっていきます。目の色が違ってきますし、傍で見ていても生き生きしている感が伝わってきます。そして教室に一体感が出てきます。次第に嫌がらせやいじめなどトラブルは無くなってきます。テレビドラマにあるような明るく楽しい、皆が助け合うような教室に出来上がっていくのを目の当たりにしてきました。これこそ遣り甲斐、教師の鑑と感じ入った覚えがありま

す。巡り合えた子供たちは幸せです。こうした教室が感動的な卒業式で終わるのを何度か体験しました。この担任に憧れて教職に就いた子供もいます。

　教室を一つにまとめられない現実がいくつもありました。担任の言うことを聞かず好き勝手に学校生活を送っている様は、担任は哀れであり惨めです。親でもあった私は我が子の担任で、両方のタイプを経験しその影響を感じ取れたので身に染みて分かります。同業者ながら情けなく、正直なところ迷惑にも思いました。

　教室を救える教師は、かがやきがあるといいますかオーラといいましょうか、魅力という簡単な言葉で片付けられない何かをもっています。慈愛かと思えば畏敬の念であるなど、子供たちもそれは感じるようです。持って生まれたものなのか、教職について磨いたのかは分かりませんが、人として惹きつけられます。ただ、それで片付けては元も子もなくなりますから、他の理由を探ってみます。

　子供は教師を他の大人に対するのとは違う見方をしているようです。「自分を教え導く尊い人」というイメージを、表現は違うかもしれませんが大なり小なり持っています。常日ごろ意識していなくても、心のどこかにそうした存在としてあるようです。それだけ気を引き締めて、ということに他ならないのです。ですから、些事でもそれが崩れると気持ちが離れ、信頼関係がなくなります。

　一人一人の身の上に立ってやれるというのが前提となります。人は大切にされていると感じられればついていきますから。もう一つは教職に全力投球しているかどうか。そんなこと

まで感じ取っています。低学年でもそうです。

　後は、人としての常識があるかないかです。約束を守らないとか挨拶しないとかといったような大人には背を向けるように、社会の一員として恥ずかしくない行動がとれるのは前提になっているはずです。

　教室を救える教師は大きな存在に映ります。弱い立場にいる子供にとって心穏やかに過ごせる拠り所になるでしょう。また大人の眼からも学ぶべきは多く、魅力あふれる人間性があります。これを真似る能力があったりそうなろうと努力したりできれば、次の「教室を救える教師」になり得ます。

■変わる気質

　人間の性格は次の５つの主要な要素で説明されるのだそうです。

　　①勤勉性　……………真面目で熱心に取り組む
　　②協調性　…………人とうまくやっていける
　　③情緒安定性　………感情が安定している
　　④経験への開放性　…好奇心が強い
　　⑤外向性　…………人と騒ぐのが好き

　これらについて近年採用されてくる若い教師について、例外はありますが、私がもっているイメージを述べてみたいと思います。

　①については、確かに表面的には真面目さは見られます。しかし見えないところで要領よくやっているようでもあります。

また柔軟性に乏しく融通が利かない気もします。②は、大きな流れがあれば協調しますが、概して自分のやりたいようにする若手が多いようです。③は、私たちが若い頃より個人差が大きいような気がしています。極端すぎてついていけない面があります。

　④については、無関心であるのとのめり込むのとで差が大きい傾向にあり、時につかみどころがなくなります。⑤は、テレビの影響も大きいのでしょうか、騒ぎ方が派手で人を乗せ楽しく過ごせる若手は増えているようです。

　義理や情けを押し出せば逡巡されるのが落ちの現代で、昔気質を言うと嫌われそうです。時代が変われば人の考え方や行動も変わりますからそれでいいのですが、「不易」として変わらない方がよいものもあるはずです。その辺りが自覚出来ていれば問題はありません。

　では、次の例はどう思われるでしょうか。

　　○会議に遅れても後ろめたさを感じず、そのまま何も言わず着席する。

　　○授業中に移動する際、きちんと並ばせず、ざわざわしても気にならず他教室に向かわせる。

　　○同僚や上司の気配りや手助けにお礼が言えない。相手の気持ちが斟酌できない。

　　○職員の福利厚生は仕事ではないと言って手伝わない。

　　○毎月の作成書類の提出がいつも遅れる。催促されれば取り掛かる。

　　○全職員で取り組む仕事に、だいぶ進んだ頃になって現れる。

恥ずかしい実態ではありますが、あえて知っていただきたく挙げました。

> **蘊蓄** **気質と性格**
> 　気質は、人間が先天的にもっている刺激などに反応する特徴的な行動パターン。
> 　性格は、気質から作られる各自の行動や意欲の傾向。

■輝くとき

　「もうへとへとです」新型コロナウイルスが学校現場を席巻していた頃、何人もの教師から聞かれた本音です。ただでさえ仕事量の多い職場なのに、このウイルスへの対策が加わり大混乱でした。感染への対策に四苦八苦する中で学習の遅れを取り戻さなくてはならないのですから、学校の中にいない者には想像できない苦労はたくさんあったに違いありません。

　冒頭の声は弱音ではなく、切羽つまったぎりぎりのところにいるからこその心からの叫びでしょう。私はこれを聞いた時に、一日一日を必死の思いで過ごしているのが想像できました。子供たちの前でそうした姿を見せられないし、かといって身体はひとつ、一日は24時間しかありません。やってもやっても終わりがなく、仕方なく翌日に持ち込まなければならないものが出てきます。それが心身の疲労を蓄積させる、その連続

だったのでしょう。弱音は吐きたくないけれど、誰かに聞いて
もらいたくて振り絞って出てきた一言だったと思います。伸吟
の声と言っても大袈裟ではないでしょう。

　教師は多くが真面目で誠実に仕事に取り組みます。良くも悪
くも手を抜くのが下手です。私は管理職をしていた頃、若い先
生に「仕事に軽重がつけられなければいけない」と言ってきま
した。腹の中は「上手に手を抜けるのも能力のうち」とのつも
りでした。なんでも全力投球など無理です。ストレートばかり
ではなく、たまには変化球も投げなければもちません。それで
もほとんどは目の前にあるもの全部を、力のある限りとばかり
にやろうとします。文字通り身を粉にして働いてしまいます。

　こうした奮闘の例をひとつ紹介します。

　K小学校は、富山市郊外の主に田園地帯と住宅地から成る学
校です。新興住宅により児童数が増えた時期もありましたが、
かろうじて中規模校を維持している現状です。教職員も子供た
ちも、全体の雰囲気としてはのんびりしたところがあり、刺激
がほしいなと思わせる面がありました。また、若手を中心に指
導力向上にはまだまだ伸びしろがあるとも感じました。ただ、
やる気旺盛で真面目な教職員に支えられた学校であるとの実態
は強みでした。そこで考えた一つが研究発表会の開催です。市
内外に案内状を配布し授業を公開して、当校の教育について批
正をいただくという主旨です。授業をする担任は、確実に学習
内容が身に付くよう研究を重ねます。参観者に対しては教科の
指導法について問うといった意味合いがあります。ですからあ
る程度の緊張を強いることになりますが、これはもともとは本
務ですから、それほど特別に考えないようにというのが私の方

針でした。

　そうは言うものの、「授業のあり方を世に問う」わけですから、それ相応の研究は必要です。しかも、普段の仕事を疎かにしない、研究のために他の授業を犠牲にしない、の二つは重要な条件ですからたいへんです。

　そんな中、研究は進められていきました。研究は主に勤務時間が終わった夜時間になります。文字通り一丸となって、侃々諤々の模様。時には喧々囂々もあったとか。模擬授業を繰り返しながらの議論の場もありました。初めのうちは「根を詰めないように。早く帰ろう」と言っていた私ですが、あまりに熱が入っている様子にそれが憚られるようになりました。朝早くから出勤し、夜遅くまで授業者と授業者以外の者が皆で、授業づくりに精魂尽き果てるかのような取り組みでした。研究発表会をしている学校にいたこともある私ですが、これほど熱心に取り組む集団の中にいた経験がないので、心からの脱帽でした。

　家に帰れば親の務めがあったり家事を切り盛りしたり、中には病気の家族がいる状況にあっての行動です。他校の教師や大学の学生等たくさん参観してもらう中で、本校なりの授業提案が存分にでき、研究発表会は成功裡に終えることができました。教職員集団が輝いていた時間でした。

　学力の向上につながり指導力が上がるのであれば、身を粉にするのも時には大事と思った貴重な経験です。

■真の先生

　「真の先生」を定義づけるのはなかなか難しく、簡単に表現できる存在ではありません。人それぞれ捉え方に違いがありますし、描く人物像への思いもまた多様です。非の打ち所がない、というのは程度の問題のような気がしますし、闊達自在過ぎてもこれまた難はないでしょうか。漠然と「よい先生だな」と評価するのは無責任の感が無きにしも非ずで、難しいです。この章は「教師の百人百様」ですが、文字通りいろいろな人がいて長所があれば短所もある。そんな中で誰もがかくあるべきと目標にすべき真の先生は確かに存在しますし、その逆もまたあります。

　人の上に立つ立場になった途端に、傲慢になり謙虚さがまるでなくなる人がいます。自分より地位や立場が下と見るや、これまでと態度を変えるタイプです。残念ながら教師の中にも稀にいますから厄介です。教え導かねばならないのに、それでは"先生"にはなりません。相手によって態度を変えるので一層醜く映ります。

　管理職になったり教育委員会勤務になったりすると、それまでは親しみがあり気配りができるとの評価があったのに、横柄で礼を欠くふるまいになるというのもあります。残念ながら、こういう話には枚挙にいとまがないのです。世間にはつきものと言われますが、人を教える職にあってよいのだろうかと情けなくなります。

　相対して文字通り"先生"と呼ばれるに相応しい方がいます。阿諛追従、深謀遠慮の醜さとは縁なく、教え導くためにまっし

ぐらです。この職を目指していた頃の純粋な気持ちを持ち続け、いつも子供に寄り添い教育を真剣に考えて教職にある日々の姿には、心動かされ魅かれます。つまらない俗世間の欲にも恬淡である姿は矜持を感じさせます。

　教育に真正面から向き合い、我が身を犠牲にして少しでもよい方向に導こうと懸命になり、どうしたら学ばせ身に付けさせてやれるか、と日々教職にまい進している姿は神々しささえ感じます。おそらくご本人たちはそんな思いなどなく、やるべきことをただ一所懸命にやるだけの思いなのでしょう。天職なのだろうと思います。

　こうした教師に出会うとか同じ職場になるとかになると、身が引き締まります。自分の至らなさや恥ずかしい部分がよく見えて、そうかこの仕事はこういうことなんだ、とあらためて思い知らされるのです。私の場合、何人そのそうした先生に出会えたのは、私を少しでも向上させる上で僥倖と言えたような気がします。

　これは学校の外にあってはなかなか分かりづらいのですが、実際に接したりいろいろな角度から観察してみたりすると見抜ける部分があるかもしれません。

　また、世間には多少の誤解、偏見があるようです。ベテラン教師が管理職になっていないと、能力、資質を疑う独断の嫌いはないでしょうか。これは関係がありません。退職するまで教えるという仕事から離れたくないがゆえに、管理職にならないという考え方もありますし、管理職そのものに関心がない方もいます。ずっと教えていたいという思いは、この職を目指したときから一貫しているのでしょう。

　本質は子供を通して判断するのが、確かかもしれません。身近にいる教師の考え方や行動を知る機会がある時に、良さが見えてくるとよいのですが。

第3章

子供たちの学校生活

我が子がどんな学校生活を送っているのか、案外分からないものです。家庭で生活しているのと集団の中にいるのとでは、過ごし方は違いますから当然ではあります。元気に学校に通っているから大丈夫だろうとか、消極的な子だから友達はいるだろうかとか心配する向きもあるでしょう。

　子供は千差万別。性格も行動も一人一人違います。資質や能力もそれぞれによさがあります。もちろん短所だってあります。そんな子供たちが同じ学校に通い、一つのクラスで学校生活を送るのですから、個性的で人間らしい姿が発見できます。

　学習の多くは一斉授業です。同じに教えて同じようにさせるのですが、アプローチの仕方がまるで違い、成果も違うとなると限りない可能性をあらためて感じます。頭の柔らかさや発想の転換に驚いたりもします。大人はかなわないなと思わせられる場面も度々あります。

　また、少子化の時代にあっても学校にくれば友達がいますから、お互いに学び合っているのが手に取るように分かります。そんな中で思いやりや協調性、公共性、判断力や実行力、社会常識全般等、社会の一員として学ぶべきものを大いに吸収しています。

　しかし、集団で生活していればよい話ばかりというわけにはいきません。発展的なぶつかり合いならともかく、違う個性があれば喧嘩にもなります。いやがらせやいじめはなかなか無くなりません。そうした困難や試練に出くわしても逞しく生きていってほしいと願うのですが、すべてがそうならないのが学校生活の難しさでもあります。

　学校は社会の縮図といっていいでしょう。子供なりに人間関

係を作り、社会の構造の部分を学べるところです。集団の中でどう生きていくべきなのか、将来自分はどうありたいのか、可能性を見いだし色々に得ようとしています。

　卒業式を学校生活の集大成に例えるなどしますが、入学してからの成長には目を見張るものがあります。それは学校生活の一コマ一コマから得られ、体得した力が多くあると考えられます。日常の些事でも意義があり、成長に寄与しているに違いありません。

　本章は子供たちの学校生活のわずかでしかありませんが、知っていただきたい場面をいくつか記してみました。

■挨拶が苦手

　小学校や中学校では挨拶運動が展開されています。例えば、登校時に正門や玄関前に子供たちや職員（時には保護者も）が立っているあの光景です。これをほほえましいとか爽やかな朝の風景などと評価するのは早計かもしれません。裏を返せばその学校の児童生徒の挨拶ができていないから、せざるを得ないとの捉え方もできるからです。

　実際に私の知る限りでは、挨拶に関して状況はよくありません。進んで挨拶をする姿は、年々少なくなっている感じさえします。こちらから声をかけても無言であるのも珍しくありませんし、顔さえ上げない子供もいます。人と人とが会えば、まず挨拶から始まるというのが人間社会の基本だと思うのですが、とても残念な実態です。

挨拶の習慣は一義的には、家庭教育の問題であると考えられます。学習参観など学校行事などの来校時に、教職員と出会っても挨拶ができない保護者はかなり多くいる印象があります。教職員が声をかけても知らぬ顔だったり、せいぜい顎を動かして返したりといった具合です。この傾向は近年、とても多いと感じます。これでは学校で挨拶運動を行っても、効果が上がりにくいのは仕方がないのかもしれません。私の頃なら、近所の方に挨拶しなかったら「変わった子」と異端児扱いされかねませんでした。現在は人間関係の希薄さもあって、ひんしゅくの眼を浴びるような経験が減っているのでしょう。

　挨拶をしない原因はいろいろあると思います。その一つにコミュニケーション不足はないでしょうか。現代は言葉を交わさなくても意思が伝えられます。職場であろうが家庭内であろうが、メールでやりとりする時代ですし、科学技術の進歩による便利さで説明を聞いたり質問したりしなくてもその場をしのげます。大人がそのような社会環境の中で生活していきますから、子供たちもそうなるのではないかなと想像しています。

　もうひとつ見逃せないのが、乳幼児期からのゲームやテレビ視聴などによる映像漬けの生活です。これには相手がいなくても楽しみながら時間が費やせます。反比例するかのように対人関係など言語活用の機会が減ります。

　また、「2歳までの時期は人間が他人を思いやる心を育む重要な時期。抱っこやじゃれ合うといったスキンシップを通じて、コミュニケーション能力が築かれる。ところが、感情の交流が不足したまま音や映像が一方的に流れるテレビを長時間見せ続けると、脳の発達に影響が出て"言葉を話さない""表情が

ない"といったコミュニケーション障害が出ることもある」との指摘があります（産経新聞「長時間テレビ2歳以下は危険」川崎医科大学付属病院小児科教授　片岡直樹　2005年8月1日）。挨拶にも関係していそうです。

■なくせるか、いじめ

　いじめ、結論から言えばなくならないというのが私の答えです。なぜなら学校は人の集まりだから、です。大人の社会にもそれがあるのと同様に、そこに子供たちが存在していればいじめが起きるのは当然の成り行き、との受け止めをしなければなりません。

　おそらく非常に多くの学校や教室では、大なり小なりのいじめがあると考えられます。担任も親も知らないだけという場合もあるでしょう。

　いじめの原因は複雑で簡単に書き述べられるものではありません。集団のルールに従わない人間は仲間外れにされたり、グループ内の暗黙の了解に従わない者への現象だったりして、いじめは簡単かつ単純に起きてしまいますからかえってやっかいです。ストレスが原因となるストレッサーによるものもよく知られています。

　学校ではどんないじめがあるかについても広く知られるようになりました。主なものとして次のようなものが挙げられます。

・悪口やいやなことを言う。

・無視をしたり仲間外れにしたりする。

・わざとぶつかったり、叩いたりする。

・物を隠されたり盗まれたりする。

・もちものやお金をたかられる。

・携帯電話等を使い嫌がらせをする。

　家庭生活の中でもこうしたものを察知できる要素があります
から、参考にしていただければと思います。

　ちなみに「仲間はずれ、無視、陰口」が小学校・中学校の３
年間で全くなかった児童生徒は、それぞれ22.6％、27.6％と
いったデータもあります（国立教育政策研究所2004〜2009）。子
供社会の凄まじさを物語るデータです。

　いじめの問題で難しいのは、どこからいじめで何がいじめと
なるのかです。線引きできるようないじめばかりとは限りませ
ん。いじめられていると感じれば、いじめなんだとの主張もあ
るようですが、小学校も高学年になるとそれを逆手にとって、
我が身を優位にしようとします。大人社会であれば我慢すると
ころ、と思うような事例でもそうできない子供にはいじめにな
ることもあります。とても難しいのです。

　理想をいえば、皆が思いやりをもち温かい気持ちで人と接す
る集団である、そして多少のつらさ苦しさにへこたれない精神
をもつ個人であってほしいと思います。この理想を現実のもの
にするためには、学校においては教職員による教育、家庭にお

いては躾が肝要であるのは言を俟たないところです。冒頭に申し上げた「いじめはなくならない」が暴論であったという日がくるようにと願います。

蘊蓄 いじめ認知件数			
	平成28年度	29年度	30年度
小学校	237,256	317,121	425,844
中学校	71,309	804,224	97,704
高等学校	12,874	14,789	17,709
特別支援学校	1,274	2,044	2,676

文部科学省「児童生徒の問題行動・不登校等生徒指導上の諸問題に関する調査結果の概要」2018年度

■子供への "罰"

　子を虐待する事件が後を絶ちません。それが死に至る場合もあり、なんともやりきれません。そうする親の言い訳のひとつが「しつけのためにやった」です。

　確かに親権者は必要な範囲で自らの子を懲戒できるとあります（民法822条）。ですが、これを言い訳や拡大解釈して「しつけ」などと、苦し紛れにも程があります（本気でそう思っているのかもしれませんが）。親権者（親）とはいえ身体的精神的に行き過ぎた行為、人権を侵害する行為をしてはならないのは、自明の理でしょう。

では学校では罰を与えることはできるのでしょうか。ご存知のとおり子供の中にも、道義的に許されない行為から違法行為に至るまで、決して許されない行為があります。いじめであったり盗みであったり、傷害であったり様々です。教師への暴力行為、学校の施設破壊もあります。

　かつて私が勤めていた小学校では、2階ベランダに並べてあった教室全員の花鉢を放り投げたという事件もありましたし、暴走族とつるんでバイクで遊びまわった不届き者もいました。携帯電話を使い、いじめた例もかなりありました。化粧品代が足らず、万引きでそれを補う女の子もいました。

　これに対し学校は何ができるかですが、懲戒を加えることができます。学校教育法に明記されています。懲戒には叱責や起立などが、日常の学校生活で認められています。この程度です。教師の存在など何とも思わない子供（保護者も）も実際にはいて、この懲戒がよい効果につながらないケースが少なくありません。そのため特に行き過ぎた行為には、退学や停学、訓告の措置が設けられています。これが学校教育法施行規則に定められています。ただ、公立小中学校には退学や停学はありません。国立私立の小中学校にはあります。

　懲戒ではありませんが、市町村教育委員会が保護者に対して子供の出席停止を命ずる措置はあります（学校教育法第35条第1項）。次のような行為が繰り返されると学校への登校を止めさせられます。

　　○他に傷害、心身の苦痛又は財産上の損失を与える行為
　　○職員に傷害又は心身の苦痛を与える行為
　　○施設又は設備を損壊する行為

　○授業その他の教育活動の実施を妨げる行為

　学校教育では体罰に代表されるように、罰を与えるといった概念をもってはいけません。そこには、そうすべき教育の素晴らしさと難しさが混在している現実があります。

蘊蓄

民法822条

　　親権を行う者は、第820条の規定による監護及び教育に必要な範囲でその子を懲戒することができる。

児童虐待防止対策の強化を図るための児童福祉法等の一部を改正する法律

　　児童の親権を行う者は、児童の躾に際して、体罰を加えることや監護及び教育に必要な範囲を超える懲戒をしてはならないとされた。

■行き過ぎた行動

着眼

・悪知恵がはたらき小賢しい。

・けがに至るような乱暴をする。

・大人顔負けのねたみ、そねみ、嫉妬の気持ちをもつ。

・極端に短気で根気がない。

・正直、公正、公共心が欠如している。
・周囲を不安にさせるくらいに引っ込み思案で神経質である。

　気になる実態を挙げてみました。数が多くなっているとは言い切れませんが、心配なのはあまりにも極端な言動として表れている点です。トラブルどころか事件・事故に結びつく例もあります。私は「佐世保小6女児同級生殺害事件」を思い出してしまいます。

　2004年の事件でかなり年月は経ちましたが、当時は小学生がこんなにも残忍な行為をするものなのかと、驚愕と戦慄の思いで事件に注目していました。同級生の首をカッターナイフで切りつけ、多量出血で死なせたという事件です。首の傷は深さ10cmもあったといいます。テレビドラマの殺害シーンを参考にしたらしいのですが、当時の救急隊員さえもPTSD（心的外傷後ストレス障害）を負い、惨事ストレスやサバイバーズ・ギルトの兆候が見られるほどの凄惨な事件でした。さらに特筆すべきは、二人は互いにウェブサイトを運営し、チャットや電子掲示板で書き込みをするほどの仲良しであった事実です。

　確かにこの事件は特殊な事例ではありますが、対岸の火事で片づけられません。別の形で予想を超えるような行動をとる可能性は、あり得るからです。現代文明が抱えている宿痾の一面かもしれません。

　普段はおだやかで平穏、笑い声も聞こえて学ぶに適した空間であるはずの教室ですが、程度の差こそあれ、度が過ぎる言動がある現実を受け止める必要があります。つまり誰が見てもお

かしい、常軌を逸しているふるまいや考え方には十分に気を配らなければならないのです。大人になってそうした人間性ができたというのは、むしろ少数ではないでしょうか。幼い時に兆候があったかもしれません。

　幼く未熟者の「一過性の過ち」であると安易に考え、重大視しないのは浅慮ですし、あまりに軽率な危険な判断といえないでしょうか。近年は人権意識の高まりがあって、簡単に他人の行為に口出しをしたり、働きかけたりするのは憚られる傾向にあります。それはときに意義はありますが、正すべき時に正し、直す（治す）べき時にそれをしておかないと取り返しのつかない事態を引き起こすのを、いやというほど私たちは知っています。幼児期・少年期の過程において食い止めておくべきはあるはずですから、ためらわず実行に移すのは大人の責任でもあります。学校という集団の中にいると、大人になったときにどうなってしまうのだろうと、心配せずにはいられない子供が現にいるのです。

　広く知られるようになった「子は親の鏡」は、教師も保護者もあらためて噛みしめてみる価値がありそうです。

蘊蓄　**子は親の鏡**

　ドロシー・ロー・ノルト（米生まれ）のベストセラー「子どもが育つ魔法の言葉」の中から重要な文言を選び出したもの。

　子育ての知恵があふれており、世界中で読まれている。

■威光を笠に着る子供

　始業式の担任紹介の後、教室に向かう廊下での出来事です。一人が私の前にきて「僕のお父さん、PTA会長だよ」と突然に話しかけてきました。その様子は自慢げに、どうだという態度がありありでした。こんなテレビドラマみたいなシーンがあるのだと、あきれるやらおかしいやら。それで私が「それがどうしたの」と返事をすると、恐れ入るはずなのにとでも思っていたのか、意外な面持ちでただ私を見ていました。

　小学生の中にもこういう手合いがいて、親の威を借りて自分を優位にしようとします。そしていつも我意を押し通す態度です。きっと頻繁にこのような姿を見聞きし体験しているのでしょう。

　学習発表会で中心的な役割を与えてほしいとか、どうしてうちの子が学級委員にならないのかといった類いのクレームがそこかしこにあります。言うほうも言うほうですが、受け入れる担任も担任です。両方とも健全な成長にはマイナスであると気が付いていないのです。子供のほうもそうした親の申し入れは、自分の能力に自信があるのか、臆面もなく受け止めています。恥ずかしい気持ちは持っていないようです。「私なんだからあたりまえ」ぐらいに思っている節さえあります。

　「笠に着る」は「微力な者が権勢者の後援を頼りにして威張る」意味があります。なさけない行為と自覚してもらわなければなりません。ほとんどはよく分かっているのですが、残念ながらそういう子供には人望がありませんから、友達も少なく孤立感さえあります。友達がいたとしても「類は友を呼ぶ」で、

似た者がくっついてしまう傾向にあります。その子供の保護者に対する保護者間の評価はどのようなものなのでしょう。

　仮にその時は満足して優越感をもったにしても、成長していく過程、そして大人になったときに果たしてよい結果を生むでしょうか。さびしく惨めな思い、辛い思いはしないものでしょうか。そして自分の子ができた時に、同じように育てるのではないか危惧します。引いては日本のよき国民性も壊しそうです。そんな先まで気になってしまいます。

　教室という小さな社会にも様々な人間模様があります。ご想像の通り、子供間にもヒエラルキー構造だって存在します。そういう意味では大人と変わりません。しかしできる限り子供たちの世界でだけは、自己中心の身勝手さ、他人への思いやりのなさ、嘘やごまかし等、浅はかで醜い部分は見るのも聞くのもさせたくありません。

■親のクレームと連動

　親も教師も、子供と向き合いしつけるにはコツがあります。どれかに当てはまるでしょうか。元千葉大学教授の大石勝男氏は次のように指摘しています。

いやしが温かくしつけが甘い
　　…正義感の強い子供を中心に反発を強める。
いやしが冷たくしつけが厳しい
　　…一見すると秩序あるように見えるが突然に子供から反

発を受ける場合がある。

いやしが冷たくしつけが甘い

　…甘さに加え温かみが感じなければ子供の心は離れる。

いやしが温かくしつけが厳しい

　…大切にしていることが伝わる。責任を果たしている。

　大人の構えやそれに伴う言動が大きな影響を及ぼすとの示唆です。特に保護者としての考え方や普段から話している内容、態度はお手本になりますから、判断力の未熟な子供はこんな時にはこう話せばよい、行動すればよい、というふうに真似をしながら身に付けていきます。

　昔の人はよく言ったもので、「親が親なら子も子」「親の因果が子に報（むく）う」「此の親にして此の子あり」「子は親を映す鏡」など、親の責任の大きさ重大さを教えようとする故事やことわざは多くあります。

　私が接してきた中では、「親は親、子は子」のパターンはあまりなかったように思います。やはり親の影響は大なるものがあり、良いも悪いも備わっていくようです。

　学校や教師に批判的な言動の保護者をもつ子供は、やはり批判的です。それがだんだんと友達、近所の人、しまいには社会へと批判的思考は広がっていきます。やっかいなことに、それは批判すべきでないところにまで及び、わがままで身勝手な人格をつくり上げてしまう可能性はあり得ます。

　そもそも性格は元からある「先天性」と、教えてもらい学習した「後天性」で決まると言われています。特に生まれた後の後天性の影響は大きいとの研究もあります。

　私が担任したある親子の例です。その親御さんは私や学校に批判的でした。批判の多くは連絡帳によってなされました。友達に悪さをして注意された翌日には、「もっと大らかに見守れないのか」「元気がなくなってかわいそう」と我が子の言い分だけの判断でクレームがつきます。宿題が二つ出されると「こんなにできない。どうしても必要な勉強なのか」との抗議です。ある時は雑巾が持たせられなかったのか「どうして学校に雑巾をもっていかなくてはならないのか。学校で準備してほしい」といった具合で、取り付く島もありません。その子供は、そうした親の考え方を身に付けつつ成長していきますから、反抗的であったり無気力であったり、あるいは他に対し批判的であったりします。人や社会に対してそういう行動をとるものだと知らず知らず身に付けていきます。

　こうした例を何人か見てきましたが、かわいそうなのは教室の中で次第に相手にされなくなっていく姿でした。子供は子供なりに善悪の判断はできますし、理不尽で自己中心的であると悟ります。やがて気持ちは離れていきます。文句言いの中心人物だったのが、いつのまにか孤立していく姿は哀れでさえあります。後悔の臍を噛むような姿を見るのは辛いものです。

■食物アレルギー

　中国の古書「管子」に「命（めい）は食にあり」ということわざがあります。「人間は食べることにより命を保っている」との意味ですが「人の運命は食にある」と解釈する向きもあり

ます。食べるという行いは生活の中で最も基本的で大切であり、食によって性格や習癖、人相、人生観まで変わり運命をも左右するといいます。

　学校では「食育」として、2005年に成立した食育基本法にあるように、食に対する心構えや栄養学、伝統的な食文化について学ぶ教育が取り入れられるようになりました。「食」を重視する姿勢の表れといえます。

　そんな中で食物アレルギーがクローズアップされてきたのはご承知の通りです。多くはアレルギーがないので、切実感のない方が多いと思いますが、学校では相当気を配っています。

　食物アレルギーはタンパク質の一部であるアレルゲンが原因で引き起こされます。もっとも多い症状はじん麻疹などの皮膚症状です。下痢や喘鳴といってぜいぜいする症状もあります。これをアナフィラキシーといいます。意識障害や血圧低下などのアナフィラキシーショックを発症すると、最悪の場合は死に至る場合さえあります。そのような可能性があれば、学校にもエピペン（アナフィラキシーに対する緊急補助治療用の医薬品）を持ってきていて常備しています。

　この食物アレルギーに備えるため、学校ではできる限り策をとっています。給食の献立表（調味料を含め使う食品のすべてを明示）を予め渡し、食べられるものとそうでないものを家庭と学校が共有し、食べられないおかず等は提供しません。調理上可能なものについては、同じ献立からその食品だけを抜いて別に作る学校もあります（主に卵への対応が多いようです）。事情によりそれができなければ、家庭からおかずを持ってくる方法もとっています。その場合には学校の冷蔵庫等で給食時間まで

保管し、衛生面にも気を配ります。その際には渡し間違いがないよう、ひとつひとつに名札をつけ、かつ本人に確認をします。

　こうした一連の手順のためには、毎月、個別の食物アレルギーと食品との関係を一覧表にして、管理職、調理員、栄養職員、給食主任、担任が共有します。そのための会議は欠かせません。さらに、今日は誰がどの食品を食べてはいけないかを職員室や給食室に掲示して、事故を防ぐ手だても講じています。

　このようにしてもアレルギーを発症する場合があります。これまでは大丈夫だったのに発症するとか、食べた経験がないものを初めて給食で口にして、アレルギーが出るのが分かったケースもあります。楽しい給食の時間に突然異常を表すのですから、本人も担任もたいへんな思いをします。

蘊蓄　**食物アレルギー**
・児童生徒の有病率　　　総数　329,423人
　　小学生2.8%、中学生2.6%、高校生1.9%
・アナフィラキシー有病率　　　総数　18,323人
　　小学生0.15%、中学生0.15%、高校生0.11%
「アレルギー疾患に関する調査研究委員会の報告」2007年度

■足りない体験

　次の例は、学校で見かける姿です。括弧内は実際にいた教師です。

- 濡れたハンカチが絞れない。（雑巾がしぼれない）
- 花苗を植えるための直径10cm程度の穴が掘れない。（スコップで花壇に穴が掘れない）
- 道の真ん中に障害物があると迂回してでも進もうとしない。（未知の状況に出くわすと簡単な状況に対してでも「どうしたらいいですか」と聞く）
- 鉛筆、消しゴム、ものさし、はさみ等使ったものをそのまま机上に置いたままにしてしまう。使ったものを仕舞わずに次に必要なものを出す。（教卓の上がいつも散乱している）
- 決まった場所（児童玄関前）、決まった人（担任）、決まった言葉（おはようございます）でしか挨拶ができない。（教職員に挨拶しない）
- 草むしりなどの作業になると体が動かない。どうしてよいか分からない、あるいは単に面倒がる。（職員との共同作業に労を惜しむ）
- 集合場所に車など障害物が現れると行動の仕方が分からない。車がいても車の側に行こうとする。（見学場所の様子が下見の際と変わっていたら、指示ができない）

　例を挙げれば切りがないのですが、その他にといえば、指導したにもかかわらず危なくてのこぎりや包丁が持たせられない、植栽した花苗を踏みながら次の苗を植える、何かをしてもらってもお礼の仕方が分からない、手加減や急所などが分から

ず怪我をさせてしまう、とかなり切実です。そしてこれらはそれほど難しい局面とは言えず、簡単で少しばかりの体験があれば済むものばかりです。

　幼児期から家庭でお手伝いなど何らかの仕事をしてきていると、小学校に入ると違いがよく分かります。何が違うかと言いますと、学校生活の中でも身体がよく動きます。労を惜しまず率先して行動します。いろいろ体験をしていれば、未経験であっても身体が反応して自分なりに取り組もうとします。また、よく気が付きます。TPOを弁えて、今自分は何をどうしたらよいのかが把握できて行動に移します。

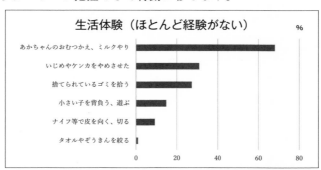

国立青少年教育振興機構「青少年の体験活動等に関する意識調査」2016年度

　ところがうまく立ち回れない子供がいます。日常の中で、自分ですべきなのに家族にしてもらっているな、と思わせられるのです。身体を動かす作業を嫌ったり、初めてのことには匙を投げたりと、およそ意欲というものが見られません。ずいぶん前になりますが、企業では新入社員に対し、ハンカチを持ち歩く、革靴の色、朝はトイレに行く等、およそ小学生に言って聞かせるレベルを"社会人の常識"として研修内容に取り入れた

そうです。

　1998年の学習指導要領改訂では「自然体験やボランティア活動などの社会体験の充実」が求められました。平成12年の教育改革国民会議では「自我形成、社会性の育成のため体験活動を通じた教育が必要」とされました。そして2001年に学校教育法が改正され、社会奉仕体験活動、自然体験活動その他の体験活動の充実に努めるとしています。

　学校ではこれらを踏まえ、様々な機会をとらえ体験させるようにはしてきていますが、まだまだ足りないという印象はぬぐえません。学校が施せる体験活動には限りがあるからです。以下の実態はまだまだあちらこちらに見受けられます。

着眼

- ・自然と深く関わる機会が減っている。
- ・地域社会との交わりが少ない。（地域のおもしろい行事だけ主体性なく参加）
- ・仲間（集団）で活動する機会が少ない。（少子化、情報化などによる）
- ・自分でじっくり考えて判断し、実行させる機会が奪われている。

　　蘊蓄　　**体験とその効果**

1　自然体験が多い者ほど自己肯定感が高く、道徳観・正義感がある。

2　生活体験（刃物使用、ごみ拾い等）が多い者ほど自己肯定感が高く、道徳観・正義感がある。

独立行政法人青少年教育振興機構
「青少年の体験活動に関する実態調査」2014年

3　自然の中での遊びを多く行った者ほど、コミュニケーションスキル、礼儀・マナー、健康管理スキル、課題解決スキルがある。

独立行政法人青少年教育振興機構
「子どもの生活力に関する実態調査」2015年

4　長期宿泊体験を行った者ほど、優しさ・思いやり、連帯感・仲間意識、自立心、リーダーシップがある。

農山漁村での長期宿泊体験による教育効果評価委員会
「農山漁村での長期宿泊体験による教育効果について」2009年

■二つの症候群

　教室や廊下、グラウンドから聞こえる元気な明るい声というのはいいもので、快活で無邪気な姿は心が温まり、平和な世の中を感じさせてくれます。多様で混沌とした社会環境にあっても、子供たちは順応して工夫や努力の中で学校生活を送っています。

　しかしそれは全体を見ればそう映りますが、残念ながらすべてがそのように学校生活を送っているわけではありません。大人と同じで磊落な性格のタイプもいれば繊細・多感なタイプがいるように、それぞれです。したがって心配な子供が中にはい

ます。現代っ子のシンドローム（症候群）といわれるものがその一つです。

　理化学研究所ライフサイエンス技術基礎研究センターでは、子供の疲労について研究がなされてきました。慢性的な疲労をもつ者がいるというものです。「小児慢性疲労症候群」といって原因不明の疲労が３か月以上も続きます。これは健康であれば左脳を使うときは前頭葉を使いますが、このときは左脳に加えて右脳の前頭葉など、いくつかの部分が過剰に活性化するためにおきます。毎日の生活の中で無理をしているとなりやすく、突然に発症して疲労感や頭痛、のどの痛み、筋肉痛等の症状が出ます。また集中力が下がり自律神経機能の異常から、呼吸や循環、代謝、消化等の機能にも影響が出る場合もあります。悪化すると学校生活を送る上で支障をきたすと容易にご想像いただけると思います。

　確かに近年これに似た様子があります。朝から怠そうで、学習作業等が長続きしません。朝ごはんを食べてこないとか、学習が苦手なためとは違うようです。

　フクロウ症候群というのもあります。睡眠障害によるもので、不登校児の７割がこの症候群にあてはまると言われています。昼と夜が逆転してしまい、夜型の生活が続く状態になり、頭痛や関節痛を起こすなどします。寝ていないため他愛もないことにイライラして、学校生活の中でやる気を出しません。時にはキレる行動につながります。

　睡眠の大切さは昔から言われていますが、現代っ子たちは夜に活動するのが当たり前になっている節さえ見受けられます。心配な状況です。これに関しては家庭教育としての問題がかな

りあって、夜更かしを放任したり保護者共々夜の街に繰り出す家庭もあったりします。社会環境の変化により、現代の生活形態がかなり変わってきたために、一括りで各家庭の暮らし方を述べるわけにはいきません。それでも、学校では睡眠の大切さについては、ことあるごとに指導しています。

　残念なのは、翌日の授業には集中できず、溌剌とした学校生活が送れていない子供が存在する現実です。

蘊蓄　必要な睡眠時間

　1歳～2歳　　11～14時間

　3歳～5歳　　10～13時間

　6歳～12歳　　9～12時間

※深夜0時前後は成長に重要なゴールデンタイム。（米国睡眠医学会）

■子供に見られる変化

　この20、30年の間に子供たちは変わってきています。時代が移れば人も変わるのでしょうが、そこに窺えるものに気になる実態があります。私の年代の者が少年期の頃に比べると優れている点はたくさんありますが、ここではあえて改善すべきと思われる日常生活について述べてみます。

　まず、最も気になるのはテレビ（DVD視聴を含む）やゲーム、携帯電話等に費やす時間の多さです。これらが健全育成への問

題を惹起しているのはマスコミ等報道でも知られている通りです。野放図にこれらに接する様は剣呑ささえ感じます。使い方を誤れば、人生を狂わす事件さえも引き起こしているからです。学校での会話や行動からは、その影響の大きさをあらためて感じます。

　健康面でも気になります。一日に３食を食べていない、睡眠時間が少なすぎる等基本的生活習慣と離れた生活形態です。朝ごはんを食べさせてもらえないというのは可哀そうなもので、朝から元気がありません。お腹が空いて力が出ないのです。身体はもちろん頭も働きません。それがあまりにひどく、別室でそっと有り合わせのものを食べさせたこともありました。ところがたくさん食べられないのです。胃が小さくなっているのでしょうか。かわいそうでした。

　夜更かしで朝食べたくないから、というケースもあります。眠るべき時に寝て、食べる時に食べる、そんな当たり前の生活ができない実態があります。

　もう一つは気質です。見聞きした顕著なものを挙げてみます。

　苦しく辛いこと、面倒なことは避けて通ろうとする。そしてこれらに出くわすと“打たれ弱さ”が見えてきます。これは根気や我慢強さと同様、たくましく生きていくのに欠かせない気質なだけに憂えるべき姿です。

　それから権利は主張するが義務は避ける、あるいは果たさないのにも困ったものです。自己中心的な性格ともつながっているようです。時に文句言いであったり攻撃的であったりします。大人社会の一面を反映しているのでしょう。私が教師に

なったばかりの40年前は、これほどではなかった傾向かと思われます。

　文部科学省は現代の子供たちがもつ課題を次のように挙げています。

着眼

・学ぶ意欲や学習習慣が十分ではない。

・規範意識が低下している。

・自然体験のない青少年の割合が増加している。

・活字離れによる読解力が低下している。

・体力が長期的に低下傾向にある。

・偏食、朝食の欠食等食生活の乱れや肥満傾向の増大等健康への影響がある。

・優れた芸術文化に触れる機会の充実が必要である。

■殺傷事件の考察

　横浜浮浪者襲撃殺人事件（1982　中学生含む少年グループ）、女子高生コンクリート詰め殺人事件（1988　未成年者）、山形マット死事件（1993　中学生グループ）、神戸連続児童殺傷事件（1997　中学生）、西鉄バスジャック事件(2000　17歳)、大津市身体障害者リンチ殺人事件（2001　未成年者2人）、長崎男児誘拐殺人事件（2003　中学生）、佐世保小6女児同級生殺害事件（2004　6年生）。

　十代の非道で凄惨な事件を並べました。ひとつひとつの事件

を思い起こすとき、あまりにむごく残忍ともいえる手の下し方に、言葉を無くすのは私だけではないでしょう。どうしてあのようなことができるのか、理解は困難です。出来心やはずみで行えるものではありません。特異な事例であり、普段の学校生活からは想定できるものではありません。ですが、少し心配になる例はあります。

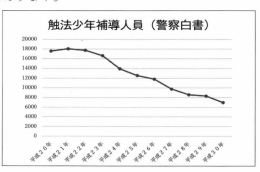

触法少年補導人員（警察白書）

　いきなり周囲にいる者に対して、叩く蹴る等の暴力をふるうのがそのよい例です。理由が分からずそうされる側の身になれば、腹も立ちましょうし恐怖さえ覚えるでしょう。理由を聞くと、「叩きたいから」「イラっとしたから」中には「分からないけどやってしまった」という事例もありました。確かな理由があれば、人間ですから喧嘩もするでしょう。しかし、殴る蹴るの理由がこれではされた方はたまりません。私は刃物を振りかざして危害を加えるというのには出くわしませんでしたが、それに近い例はありました。
　言葉の暴力でも忘れられない一コマがあります。生まれながらに足が不自由で車椅子生活の下級生に「お前は歩かなくてす

むからいいな」と、考えられないような暴言を浴びせたのです。サラリと言ってのける子供が実在するのです。言われた方は切歯扼腕の思いであったに違いありません。生涯心の傷として残るでしょう。

　友達とのトラブルから、学校の屋上の金網を乗り越えて飛び降りようとした事件もありました。事前に食い止められたからよかったものの、大きな声で叫んでいるのを聞きつけた、全校の大勢の目の前であった出来事でした。

　精神的に問題を抱えているケースは、おそらくどの学校にもあるだろうと思います。学校ではきめ細やかに話を聞いてやったり、日常の行動を観察して保護者と連携を図ったりと最優先で取り組んでいます。カウンセラー等専門家による対処もあります。

　気を付けるべきは大人社会では異常と受け止められる言動が、年端もいかない幼い者の行為だからと、深刻に捉えていないのではないかという恐れです。重大事案なのに見過ごしてはいないか、人権や「個を大切に」のような耳障りのよい言葉に乗せられる、あるいはそれを隠れ蓑にして当たり障りなく済ませていないでしょうか。やはり将来をほんとうに憂えるなら、踏み込んで対応する必要があると考えます。積極的に専門医や専門機関に委ねる勇気を持つべきですし、これまで以上の社会の後押しは重要と考えます。

　このような事件が後を絶たない現状に、事件を起こす者の幼児期、児童期はどうだったのだろう、しかるべき対応がなされていただろうかとあらためて検証してみるのもまた必要です。

| 蘊蓄 | 触法少年 |

　刑罰法令に触れる行為をした14歳未満の少年を指す。

　触法少年、犯罪少年（罪を犯した少年）、虞犯少年（一定の不良行為があり罪又は触法行為をするおそれのある少年）を非行少年という。

■大きな養護教諭の存在

　血を流すような大怪我をすると、たいていの教師はおろおろしそうです。そうでなくとも適切な処置はなかなかできないものです。突然倒れたらどうでしょう。ただ、びっくりするばかりで右往左往するかもしれません。従容としていられるのは並大抵ではありません。

　そんな時、慌てず騒がず事に当たり、頼れるのが養護教諭です。若い養護教諭でも落ち着き払った堂々たる態度で、こんなに頼れるのかと思ったのは一度や二度ではありません。

　養護教諭は子供たちから親しみを込めて「保健室の先生」と呼ばれ、養護をつかさどるのが仕事です。怪我、疾病等の応急措置を行うほか、心身の健康全般を一手に引き受けています。また、健康教育や性教育などの保健指導や保健学習にも関わります。学校医と連携を取りながら、学校においては医学のエキスパート的存在です。

　この養護教諭ですが、多様な子供たちが集合している学校では、とても大きな役割を担っています。それは、一つには精神面についてです。もっている特性はそれぞれです。衝動性が高かったり不安・緊張が強かったり、対人関係が苦手、ストレスを溜めやすいなどのタイプです。身体的心理的虐待やネグレクトなどにより、心の安定が保てないのも近年の特徴です。これらにより心の病気になるとか、あるいはいつも不平不満をもちながら生活しているとか、学校のような集団生活の中で上手に過ごしていけない場面が出てきます。このようなときにはストレスを減らし、気持ちが安らぐ場の提供をはじめとして不安や不満を減らしてやる支援が必要です。この肝心を担えるのが養護教諭です。担任だけでは対処できない場合も少なくなく、そんな時の養護教諭の存在はとてつもなく大きいのです。

　何かしらの理由で教室に居られなくなると、保健室に救いを求めます。その穏やかになるさまは、例えようもない安堵を得られたかのようでさえあります。周囲から離れられるという理由のほかに、保健室の先生がいるからです。居場所を求め、安らぎを期待します。心穏やかにしてくれるのは、唯一保健室の先生であることが少なくありません。

　不登校気味だったのが保健室登校を始めてみて、養護教諭と関わり合いながら教室に復帰できた例もあります。保護者もまた頼りにします。担任ほどは目立たないのですが、なくてはならないとても大きな存在です。中には教職員も心身面で相談したりアドバイスを受けたりします。看護師の資格をもつ養護教諭もいて、私など疲労回復のアドバイスを受けたり、家族が病気になったときにその知識で学ばせてもらったりとお世話にな

りました。

　養護に関係ない子供たちまでが休憩時間に養護教諭と談笑している様は、心を許し慕っているようで微笑ましく感じます。

■現代っ子のマイナス気質

　時代と共に人の気質は変わると言われます。子供も然りです。良い面も悪い面も受け止めながら、その時代を乗り越えるための術を身に付ける意味合いもあるでしょう。特に強く感じるのは、子供たちの言動がテレビの影響を多く受けている点です。テレビから多くを学ぶ反面、判断や理解が十分ではないせいもあってか、誤った行動に結びついているきらいがあります。

　また、私が子供の頃に比べ喧嘩が少なくなりました。取っ組み合いや殴り合いなどの身体による実力行使の喧嘩です。口喧嘩や陰でこそこそするようなものが増えているのではないかなと思っています。

　もっともこの頃は、取っ組み合いの喧嘩をさせるのは危険です。私たちは喧嘩をしても、怪我をさせるというのはほとんどなかったように記憶していますが、それは昔の話になってしまいました。何をするか皆目見当がつかないくらいで、手加減の程をしらないのですから。何をしたら、どこを責めたら危険だと認知できていない危うさがあります。

　現代っ子の気質は、端倪すべからざる分野ではありますが、学校でいっしょに過ごしていると見えてくるものがあります。

それぞれの個性や特質はそれぞれ違いますから、一般論として受け止めていただきたいと思います。

　ストレスに弱くめげやすい、粘り強さに欠け悪い意味で恬淡、妙に素直な面と無関心が同居、潔さの欠如、華やかさへの過度なあこがれと陰湿さ（目立ちたくない）の両面をもつ、少ない羞恥心に併せ規範意識が欠如、個人主義(利己主義)、生命の尊重への理解不足、敬語と挨拶が苦手、といった様相が特に気になっていました。「石に漱ぎ流れに枕す」を地で行くのもいて、教師の側も叱責せざるをえなくなります。

　短所ばかりではなく、長所も兼ね備えています。かわいらしい無邪気な一面が見えたり、親切で友達を助けてやったりする場に出くわすと、うれしく明るい気持ちになれます。誠実で真面目で一所懸命、周囲を朗らかにしてくれるユーモアがあり明るい、くよくよせず清々しさが身に付いているなど、子供といると元気になれるというのはそのとおりです。マイナス気質を減らし、よさを伸ばしてやる役割が学校にもあります。

■子供たちの休み時間

　学校で元気に過ごしているか、友達と仲良くしているかと、我が子の学校での様子が気になるのは保護者として普通の思いです。家庭では変わった風でもないのに、学校では寂しそうにしているとか、またその逆の場合もあります。家庭での過ごし方だけでは分からないのが実際のところでしょう。

　そんな子供の真の姿を知る方法の一つとして、休み時間の様

子を探ってみるのをお勧めします。学習参観日があれば授業が始まる前や終わった後の休み時間がその機会です。休み時間にこそ本来の姿が見られ、時には課題が浮き彫りになります。授業中は積極的に学んでいるのに、休み時間になると一人寂しそうにしていたり元気がなかったり、あるいは何をするでもなくぼーっとしていたりと、想像していなかった意外な一面が明らかになります。

　ある母親は、休み時間に見た我が子の友達がいない姿にショックを受けたと話してくれました。家庭では悩みも不安も感じさせず普通に過ごしていたので、かなり落ち込んだ様子でした。心の機微を理解してやれなかった猛省がありました。そして、親として不憫に思うのは共感できます。

　担任は休み時間に子供たちを「観察」するのも大切な職務のひとつです。学級経営上、教育活動の目標達成のためには人間関係を把握し、よりよいものにするために欠かせないからです。気になれば、適切な指導を見いださねばなりません。それは時に学校全体で関わります。休み時間は実態を知る上での重要な時間なのです。

　ところで、休み時間は様変わりしてきました。特に上学年（4〜6年生）はそうです。つまり忙しい休み時間を過ごしています。委員会活動であったり行事の準備や練習であったりして、グラウンドや体育館で"遊ぶ"光景が少なくなりました。忙しいのです。それはそれで成長にはプラスになり、その経験によって成長が期待できるので、意義はあるのですが。放課後も同様でどの学校ででも自由な時間はとりにくいようです。こうした状況も長所あれば短所もありと言えます。

　休み時間になるや否や、教室を飛び出し元気いっぱい遊べる子供はたくさんいる反面、自由に過ごせる休み時間があっても、与えられないと何をしてよいか分からないとか、なんとなく時間を費やしている姿を見かけます。休み時間は人間関係の縮図があらわになって、個々の特性がよく分かる時間帯です。

> **蘊蓄**　**休み時間の目的**
> 　日本では、次の授業の準備やリフレッシュをする時間。
> 　欧米諸国等では、軽食や果物等の飲食を行う時間でもある。飲食が認められていない日本は特異な例とされている。

■軽視できない政治の影響

　嘘をついてその場を免れる、悪事はほとぼりが冷めるまで時間かせぎする、世に出るとまずい書類は改竄するか廃棄したことにしてしまう、正式な手続きを踏まず決済してしまう。そして牽強付会な言動を悪びれもせず、堂々と行う姿を子供たちまでが目にし、耳にするのは至極残念です。

　こうした政治の姿はマスコミなどを通して広く知られてしまいました。呆れるばかりの言葉の軽さに加え、勉強不足や人権無視等の失言も次から次と出てきました。

　子供たちは知っています。大人の世界の難しい話でも、いけ

ないとか間違っているとかには気付いています。大人並みの尺度でもってそれらを捉えもします。与える影響はとても大きく、健全な育成に影を落とします。危惧すべきは、このような事象を正しく受け止め、判断できる能力が十分に備わっていないことにあります。これは有りなんだ、やってもいいんだと間違った解釈により、自分の言動として表出する恐れがあります。悪事を働いても切り抜ける術があるから大丈夫というような考え方は、発達が未熟な時期に身に付けさせてはなりません。

　時に教室の中でもそうした振る舞いを見かけます。いじめがあったときに、いじめた側はまず「いじめてはいない」「そんなつもりはない」などと我が身を庇います。いくつかの事実を示すと、いじめられた側の落ち度を探して言い訳するか、だんまりを決め込むか、いろいろと策を講じてその場を逃れようとします。「いじめたわけではない、遊んでいただけ」と最後まで認めようとしません。中には、「大人だって悪いことしている」と自分は棚に上げてしまいます。

　道徳教育の重要性が叫ばれ、2015年の学習指導要領の一部改訂で、道徳はこれまでの教科外活動から「特別の教科　道徳」（＝検定教科書を導入）として教科への格上げになっています。文部科学省では全国で作られている資料や教材、実践事例などを集めた「道徳教育アーカイブ」を設置するなどしています。

　これまでも学校では他の教科の時間や、特別活動のような教科外活動ででも道徳教育が行われてきてはいますが、やはり家庭や地域社会の教育力が与える影響はとても大きいものです。それが非常に大きなウェイトを占めているだけに、その力を

もっと高められたと期待します。叱れる隣人の存在などもそのひとつでしょう。

　アメリカ合衆国の初代大統領ジョージ・ワシントンが、大切な桜の枝を折ったのを正直にあやまった逸話はよく知られています。それを聞いた父親は、「お前の正直さは千本の桜の木より値打ちがある」と褒めたといいます。かくてワシントンは「正直は常に最上の政策である」と名言を残しています。これも家庭における道徳教育のひとつといえましょう。

■大きな親の存在

　人間関係が難しくなり希薄になったと言われます。内閣府の「安全・安心に関する特別世論調査」によれば、その原因として、「モラルの低下」「地域のつながりの希薄化」「人間関係を作る能力の低下」「核家族化」「親子関係の希薄化」が上位になっています。

　これらは成長に大きな影響があるだけに心配です。特に親子関係が希薄になっているのが気になります。これについて大山七穂氏（東京女子大学教授）が「親子関係と親の影響力」として述べています。その中では「子供にとり家庭生活の中心は親子関係にあり、親子関係がうまくいっているかどうかが家庭生活の満足度と大きく関わっている」とあります。そして調査の結果から指摘されているのは次のとおりです。

　　○子供に対する親の理解度は、子供の家庭生活や学校生活
　　の満足度と大きく関わる。

○親との会話や接触時間、親自身の家庭生活への満足度が
　　　子供に対する親の理解度と大きく関係する。
　　○「理解してくれる親」と「理解している親」の相関は高い
　　　が、規定因（状態を左右するもの）に相違がみられる。
　学校で心穏やかに、そして積極的な学校生活を送るための条
件のひとつが親子関係であるのは注目に値します。学校におけ
る子供間の良好な人間関係は、まず良好な親子関係にあると言
えましょうか。実際に楽しく生き生きと学校で過ごしている多
くは、円満な家庭であるようです。
　時に子供たちの口から親への不満や悪口が聞かれます。また
元気なく暗い印象を与えるのでわけを聞いてみると、親との問
題もかなりありました。大山教授の研究では、親の理解度と親
との会話の頻度や共同行動に密接な関係があるとし、その関係
の強さを導く上位が次になります。

父親と小学生男子	……会話の頻度、共同行動の数、話をする、散歩や公園等で遊ぶスポーツをする
父親と小学生女子	……会話の頻度、共同行動の数、話をする、食事をする、風呂に入る、室内で遊ぶ
母親と小学生男子	……会話の頻度、共同行動の数、話をする
母親と小学生女子	……会話の頻度、共同行動の数、話をする、風呂に入る、勉強を教えてもらう、本を読んでもらう、そうじをする

■苦手な勤労

　教師をしているとうれしく感心する姿に出会えます。例え
ば、友達にやさしく接したり何かの力添えになってあげたりす
る言動です。それに加え、労を惜しまず働く姿にはとても魅か
れ、時に感動を覚えます。どんなふうに育てられると、周りが
嫌がるような仕事でも率先して行えるようになるのだろうと。

　ところが、概して子供は働くことには消極的です。毎日の掃
除や草むしりなど、汗をかき汚れる地道な作業のように、めん
どうで成果が顕著に表れないものには一層その傾向がありま
す。避けられるものなら避けたい、しなくて済むならラッキー
といったところでしょう。

　大人の中にも手を抜く者、反対に身を粉にして働く者がいま
すから、なおさらかもしれません。運動会や学習発表会などの
ように全校体制で行う行事の際に、よく気が付いててきぱきと
働き、自分の担当でなくとも力を注ぐ教師とそうでない者は一
目瞭然です。皆さんもその視点で観察すると分かると思いま
す。

　教師という大人を例に出したのは、多分そういう教師は幼い
頃から何でもさせられていないのだろうと想像できるからで
す。家庭でのお手伝い、地域の中の奉仕活動などで働く機会に
出くわさなかったのか、機会があっても最後まできちんとする
ようしつけられてこなかったか、いずれにしても身体を使って
こなかったのです。つまり社会の一員に求められるような体験
が不足してきています。

　もっとも便利な世の中になったので、以前のように働く機会

が少なくなった社会状況はあるでしょうが、そこは工夫次第で
カバーできるのではないかと思います。

　勤労については「自分のために働くことを教える」、「学校教
育に働くことを取り戻す」教育が必要であると言われます（東
京成徳大学　木村　周教授）。そして、働き甲斐がもてる条件と
しては次の六つが挙げられます。

　　①働く内容に手ごたえがある。
　　②学ぶものがある。
　　③子供自身で判断する余地がある。
　　④人間的なつながりがある。
　　⑤内容に社会的意義がある。
　　⑥将来にプラスになる。

　私は勤労生産活動がもたらす教育的効果に期待して、「働く」
活動を教育目標の一つとし、学校生活の中に取り入れてきまし
た。身体を使う作業をできるだけ子供たちの発案と自主性に任
せて行うように進めました。やはり、取組の意欲や行動力には
大きな差がありました。そこは覚悟の上での方針でしたから、
学校側が根気強く指導しつつ見守る、といった構えがあればよ
いとの思いです。

　現状に鑑み、学校でも家庭でも勤労的に学べるための創意工
夫が問われています。

■好かれる理由、嫌われる理由

　人は生まれながらに気質が備わっています。3歳までは行動

の7割程度はその気質によるものといわれています。その後は気質に加えて、人との関わりや育てられ方など様々な環境や体験等により一人の人間が形成されていきます。同じように育てたつもりの兄弟姉妹でも違いが出てくるのがおもしろいところです。

　それは育つ環境が違う者が集まっている学校であればなおのこと、人それぞれだなと分かります。そこでは個々がもつ性格や能力、資質といったものが交わって小さな社会を作ります。その小さな社会では、稚拙ではあっても相手を分析しながら、思い思いの関わり方を重ね人間関係を作っていきます。

　そんな中、子供たちにも感情はありますから、友達への好き嫌いがあります。ただ、好き嫌いと白黒をつけるような接し方をするばかりではありません。誰にもやさしく、分け隔てなく付き合える子供もいます。それでも大なり小なり好き嫌いがあると、「好かれる嫌われる」が存在してしまいます。皆を好きになってくれれば担任としてはうれしい限りですが、実際にはそうもいきません。

　リーダータイプが好かれるかといえばそうでもありません。"出る杭は打たれる"ときもあります。指導力を発揮するのにも、微妙な匙加減が必要なのかもしれません。マイペースタイプはおもしろいもので、周囲の害にならず協調できるところは、最低限、人に合わせられれば嫌われはしないようです。

　自分の考えや意見を主張しないタイプは、優柔不断のレッテルを張られない限りはけっこう好かれています。友達を非難批判しませんし、穏やかな性格と捉えられ好感がもたれます。但し、どっちつかずのいい加減な行動に終始していると周囲の気

持ちは離れていきます。

　ユーモアがあって陽気であると好感度が高くなります。人を傷つけて笑わせるといった類いのものでなければ、概して人気者です。

　好かれるのは大人の社会ともある程度共通しています。やさしく思いやりがある、勉強ができる、スポーツが得意、誠実で何にでも一所懸命にものごとに取り組んでいる等は人望を集めますし慕われるようになります。

　残念ながら、意地悪なタイプ、協力的でなかったり無関心であったりするタイプ、嘘をついたり自慢したりしていると嫌われてしまいます。このような短所はできるだけ直し克服させ、好かれる人間性を育てたいものです。

蘊蓄　**遺伝と環境の影響**

性格	…遺伝30～40%　環境70～60%
芸術センス	…遺伝50%　環境50%
知能	…遺伝60%　環境40%

安藤寿康慶應義塾大学教授「双生児法の研究」

■感動を与えてくれた子供たち

　学校生活では、無邪気で純真な人柄に心洗われたり挫けず歯をくいしばって責任を果たそうとする姿に元気づけられたりと、教師としてやりがいを感じました。心無い行為には注意、

叱責と残念で辛い思いもします。とにかく日々いろいろな出来事があって、今となってはどれもなつかしく思い出の中にあります。

　校内音楽会に備え遊びたくてならない休み時間を自主練習に充て、発表当日には全校を感動させたこと、入賞は期待できなかった市内のリレー競技では苦しい練習の甲斐があって３位に入賞したことなど、胸が熱くなったものです。社会の授業では知りたい一心で、同じ学習グループ数人が校区外の郷土史家に突撃訪問し、課題を解決する意欲に驚くやらうれしいやらの思い出もあります。

　教えた以上の力を身に付け、それを発揮できるのを目の当たりにしました。子供にとっては自然の成り行きなのかもしれませんが、私にとってはたいへんな喜びであり感動でもありました。表には出しませんでしたが心の中は欣喜雀躍するくらいです。大げさではありません。教師冥利に尽きます。

　そんなたくさんの思い出の中で特に忘れられない出来事があります。

　私が担任していた２年生男児のＮ君は、日ごろから元気いっぱいで行動的といえば何やら聞こえは良いですが、実のところ少しもじっとしていられません。やんちゃでいたずらが大好き、私に叱られても全然こたえません。それでも明るく人懐こい性格のせいかクラスの人気者でした。

　そんなＮ君が遠足に行ったときの出来事です。弁当の時間は子供たちにとってとても楽しみな時間。普段はもってこられないおやつも食べられるとあってみんなが笑顔です。そんな中、Ｎ君の弁当が目に入りました。中を見て愕然としました。白い

ごはんにおかずは柿を半分に切ったものと漬物だけだったからです。この豊かな時代にと、衝撃でした。憐憫の情を覚えないではいられません。そんな思いの私を悟られないよう平静を装いましたが、N君は相変わらず普段のままでした。気後れする様子もなく、むしゃむしゃと頬張っていました。少なくとも表面上は。心底は今でも分かりません。私の弁当を分けてやるのは簡単ですが、それが良いのか悪いのか迷っていました。

　そんな折、いっしょのグループで食べていた同じタイプの、これまた私によく注意されるM君が「これ、食べて」と卵焼きをつまんでN君の弁当箱に入れました。後は何を話すでもなく、また自分の弁当を食べ始めました。時折笑顔で何やら話している二人が何ともいえず微笑ましく強く心に残りました。

　傍から見ればかわいそうなN君ですが、多分そうは思っていないN君と、わずか2年生と幼いのにさりげなく相手のプライドを傷つけないように卵焼きを分けてあげたM君。たったこれだけですが、私には忘れられないのです。

第4章

学校は“ブラック職場”!?

教育界にも働き方改革が問われるようになりました。かつて聖職とまで表現されていたのが、今や「ブラック企業　教職」とか「ブラック職場」などと言われる始末です。それは肉体的身体的な労苦や辛苦を伴う職務内容に加え、時代の流れに反した劣悪な環境に大きな要因があると考えられます。実際にそれがテレビ・新聞等マスコミを賑わしていますし、教師のなり手が少なくなっている現状もそれを表しています。

　勤務時間からも伺い知れます。文部科学省の教員勤務実態調査によれば、平成28年度の1週間の学内勤務時間が60時間を超える（過労死ライン）のは、小学校教諭33.4％、中学校教諭57.7％、小学校副校長・教頭62.8％、中学校副校長・教頭57.8％です。これらには自宅残業を含んでいません。「OECD国際教員指導環境調査（TALIS）2018報告書」でも、日本の教師の1週間当たりの仕事時間は小中学校ともに参加国の中で最長との調査結果があります。

　また、離職者数からも教職の実態が垣間見えるかもしれません。小学校6,007名（定年退職を除く）の内、病気によるものが540名（内精神疾患331名）、転職が1,501名です。中学校では3,459名（定年退職を除く）の内、病気339名（内精神疾患213名）転職1,142名となり、心痛む数字です。これらは相談体制の不備にも原因があると考えられます。悩みや不安を相談しない体質に加え、相談しにくい空気感が学校内にはあります。それは弱さを見せられないとか話しても取り合ってもらえない一面があるのを表しています。

　痛ましく悲しい事件は特筆すべき事柄です。福井県の中学校男性教師（27歳）車内で練炭自殺、静岡県の小学校女性教師（24

歳）自家用車に火をかけ自殺、埼玉県の小学校男性教師（22歳）
縊死、東京都の小学校女性教師（25歳、23歳）自殺、大阪府の
中学校男性教師虚血性心疾患など、過労自殺や過労死が後を絶
ちません。列記していると胸が苦しくなります。

　残業時間の多さや職務の苛烈は、企業や他の公務員において
もあり得るのに、教師が殊更に取り上げられるのには理由があ
ると思われます。職務がブラックかそうではないか、とらえ方
はそれぞれでしょうが、日ごろの実態や取り巻く環境等から窺
い知れるかもしれません。

■早朝から始まる "残業"

　教師は勤務時間が始まるずいぶんと前に出勤します。１時間
以上も前から出勤するのは珍しくありません。子供たちの多く
は８時前には登校してくるので、少なくともそれまでに出勤す
る必要があります。子供が来ているのに教師が来ていないな
ど、安全面を考えればあってはなりません。この点について、
私はなるべく登校時刻を遅らせて、出勤時刻を遅らせたいと
図ってもみたのですが、なかなか難しい取組でした。中にはそ
れに反対する担任もいました。保護者にも勤めがあるのでそれ
に合わせて登校させるべきだと。そう主張する教師が、子供の
登校より遅く出勤するのですから困ります。誰かが出勤してい
るから自分が遅くても大丈夫という甘い考えがあるからでしょ
うか。

　そうした例外は別として、多くは登校する前には出勤し、す

ぐに取り掛かります。まず教室や廊下環境を見直します。学校生活を送る上で不都合はないか、教育的効果を少しでも上げるようにします。学級園があれば花や野菜の様子を確かめ、新たな取組のきっかけを探します。教室に戻り今日の日程確認を行い、授業に必要な準備物を整えます。また、授業の進め方についても見直しておく必要があります。さらに、昨日どうしてもできなかったノートや作品を評価します。少しだけ例として挙げてみましたが、やっておくべきことは多岐に渡っています。

　これらは指導や成長に直接に関わるので、優先的にすべき職務です。物理的にどうしても昨日までに終わらせられなかったものは必ずといっていいほど毎日あります。個人情報漏洩に差支えのない範囲で自宅に持ち帰ってするのですが、どうしても限界があります。自宅に持ち帰らずに済む日はないといっていいでしょう。

　加えて、校務分掌といって担任以外の職務を抱えています。それも子供たちが在校している間はできませんから、早朝はそれができる貴重な時間です。一人でも登校してくれば、これらは止めて子供たちとの関わりの時間になります。それはとても大切な時間ですし、そのために志したのが大半でしょうから、事務的なものは後回しにならざるをえません。

　忙しさのあまり、中には6時台からでも出勤したいと申し出ますが、それは学校の管理をはじめとして安全面等を考えると難しいので避けるようにしています。

　知られているように、朝はどんなに早くきてもどんなに遅くまで残っていても残業手当はありません。もっともこの職に就いたときからそういう待遇なので、残業しなければとか手当が

出ないという考え方がそもそもないのです。

> **蘊蓄**　**教職給与特別法**
> ・教育職員については、時間外勤務手当及び休日
> 　勤務手当は支給しない。
> ・教育職員には給料月額の100分の4に相当する
> 　額を基準として教職調整額を支給する。

■絵に描いた餅の休憩

　教師にも休憩時間は与えられています。労働者ですから労働基準法に基づいて休めます。都道府県や政令市では1日当たりの勤務時間は7時間45分ですから、休憩時間は少なくとも45分間与えられなければなりません。富山県を例にしますと「県職員及び県費負担教職員の勤務時間、休日及び休暇に関する条例」では、勤務時間は1週間当たり38時間45分とされ、休憩時間は1日の勤務時間が6時間を超え7時間45分以下の場合は、45分以上1時間未満とあります。ですからこの時間には、お茶を飲むなどして身体を休めても構いません。念のため申し添えますが、食事の時間である給食時間は休憩ではありません。この時間は給食指導として、準備の時間や食事中なども含めて指導があり職務になるからです。この時ぐらいはゆったりランチタイム、とはいきません。

　また子供たちには午前中の大休憩とか昼休みなどあります

が、この時間も指導の時間であり、休みにはなりません。

　以下の表はある小学校の担任の勤務時間と休憩時間を表した、勤務時間の割り振りです。割り振りは都道府県の勤務時間に関する条例や規則の基に、校長が行います。その際には教育活動の効果的な展開が可能となるよう、各学校の実態に即した割り振りをしなければなりません。

8:15		13:00	13:25		16:00	16:20	16:45
出勤	勤務		休憩	勤務		休憩	勤務 退勤

　このように休息時間や休憩時間がはっきりと示されています。が、この日程の通り勤務する者は皆無といっていいでしょう。なぜなら、子供が在校している限り何かしらの職務が発生するからです。実質、在校中は休めないのです。たまに休憩時間に職員室に戻り、お茶を口にできることもありますが、立って飲む者もいればせわしなく流し込んで、すぐに教室に戻るのがほとんどです。その間せいぜい数分。ゆったり座って休む行為に罪悪感さえもちます。

　休憩する時間は与えられているものの、それを活用するゆとりはありませんし、職務の性格上許されないのが実情です。常に安全に気を配らなくてはなりませんし、学習や行事の指導に充てなければならない状況も多々あります。ですからあきらめというよりは、この職の形態として日常茶飯になっています。

■当てが外れたこと

　教師になってうれしかったのがバスに乗って行く遠足でした。わいわい話しながら水族館や遊園地など行けるのが楽しく、まさに童心に帰った思いでした。給食が食べられたのもそのひとつです。子供の頃から給食が好きだったので、これからまた大好きな給食が食べられると思うと、お昼時間がとても待ち遠しかった覚えがあります。

　ところがそんな甘い考えはすぐに飛んでいきました。遠足は遊びではありません。校外での行動には交通安全に気を付ける必要がありますし、休憩中に怪我などしないように特段の配慮が必要です。急病に対応できるようにと、近くの病院を把握しておき緊急の事態に備える体制を立てておかなければなりません。バスの中では大きな声を出したり立ったりするなど、マナーや危険な行為には常に気を配ります。見学先の訪問の仕方は事前にしっかり指導しますし、現地では他の迷惑にならないように配慮しなければならず気が抜けません。こうなると楽しい遠足もそれは子供側の話で、教師は頭と体と気を使い続け、ぐったりの一日です。若かった私にはまるで教師生活の隘路にはまったかのようでした。

　給食の時間となれば手洗いをさせ、はしゃぐのを座らせ、配膳にかかり食事が終われば後片付けへ、と一連の流れを言うのは簡単ですが、何しろ子供ですからすんなりとはいきません。低学年であれば、毎日がドタバタ騒ぎのようです。配膳台に食缶をうまく載せられずに、おかずを全部床にこぼした時は本当に困りました。ようやく食べられると思ったら、デザートがな

いとかパンを落としたとか。食べられる段になったらなった
で、楽しい給食が大騒ぎの時間になってしまうことも。お昼の
校内放送を静かに聞かせるなど至難です。とにかく教師になり
がけの頃は、唾が飛び交う中、かき込み飲み込んで10分以内で
食べる毎日でした。

　給食といえば一時期、箸の持ち方の指導に力を入れていまし
た。それは私がではなく、学校としてです。当時の文部省の示
達だったのではないでしょうか。なんでこんなことまで、とい
うのが当時の本音です。学校では、正しい箸の持ち方を図説し
たプリントを配ったり、実際に授業時間に指導したりもしまし
た。"矯正箸"というのが市販されていて、それを利用した学校
もあったようです。

　雑巾のしぼり方、靴紐や三角巾の結び方、ほうきの使い方を
はじめとした掃除の仕方、トイレの使い方等々、生活に関わる
教えるべき内容はたくさんあります。

　これらを1人に対して教え、身に付けさせるのであれば、か
なり成果をあげられるのでしょうが、40人近くにそれを施すに
はなかなかの根気と体力、工夫が必要です。黒板にチョークで
書いて教えてやるのが仕事、といった甘い考えはすぐに消えま
した。

蘊蓄　**給食指導**

・準備から片付けまでの一連の指導。正しい手洗
　い、配膳の方法、食器の並べ方、箸の使い方、
　食事のマナーを習得させる。
・学校給食法　昭和29年制定。

■広すぎる守備範囲

　毎日毎時間分かる授業（できれば楽しい授業）を行い、学級学年に関わるすべての事務処理をこなし、小さな行事も大きな行事も立案から運営のすべてを担当します。安全安心のためにありとあらゆる場面に細心の注意を払い、活動に取り組ませなければなりません。生徒指導上の問題には事前・事中・事後、昼夜を問わず身を投げ出す覚悟でいます。部活動の指導の過激さはよく知られているところです。

　さらに、環境教育、国際理解教育、外国語教育、情報教育、福祉教育、食育、消費者教育など様々な分野にわたる指導も求められます。近年ではプログラミング教育も加わってきました。郷土理解への教育も必要とあって、体がいくつあっても足りないとの表現は決して大げさではありません。さらに、プール運用の機械操作、除雪機や草刈り機を扱う仕事も入ります。AED（心肺蘇生用機器）の操作は必須です。これ以外に数十種類の校務分掌といって、学校全体に関わる校務を分担しています。これが深く広く、内容も重要なものばかりですから相当の労力や時間を要しますし、学校教育方針にストレートにかかってくるので、気が抜けません。一人でやれる範囲を超えている気がしますがいかがでしょう。

　さらに様々な指導計画、教育委員会に提出する書類をはじめとして、実はたくさんの書類作成に関わっています。保護者の皆さんが目にするお知らせや学年だよりは、氷山の一角といっていいほど多くの書類があります。

　そして、こうした学校内の職務のほかに対外的なものもかな

り負担になっています。各種団体や教育機関から依頼される行事への参加や教育活動の取組、地域やPTA行事への参加等があり、それには準備や指導が必要となります。ひとつひとつはそれなりに意義がありますが、学校や教師、子供たちにもキャパシティに限りがありますから、削減したいと願うのは正直な気持ちです。

　小学校であれば学級担任制ですから、ひとつの学級を受け持てば、学級（場合によっては学年）に関わることをはじめとして、子供たちに関わるものはすべて担任が請け負います。担任だから当たり前と受け取られそうですが、この"すべて"がなかなかどうして簡単ではありません。

　つまりその量もさることながら、職務に対してはオールラウンドな職務の処理能力が求められるだけに、かなりたいへんです。そしてその範囲は無限定で、ここまでが担任、と言い切れないやっかいさがあります。しかも職務が時間に縛られる労働の形ではなく、職務に拘束される性格であるだけに、労力や時間が際限なく必要です。多種多様、広大無辺です。職務なのに判然としない面があるとは情けないと思われるかもしれませんが、これが現実です。

　少し例を挙げてみます。まずは教科指導です。これは本分です。これに欠かせないのが「教材研究」です。学ばせたい内容をいかに分かりやすく教え、身に付けさせるかに工夫と努力がいります。小学校であれば全教科に対してですから、日々24時間では足りない思いをいつも持っています。これは中堅、ベテランであっても同じです。子供たちはそれぞれに個性があり能力にも違いがあります。ですから、一度教えた教え方が通用す

るとは限りません。ですから、この教材研究にはいつもかかりっきりです。若い教師にいたっては、板書や発問のしかた、ノートの使い方といった基本的な指導方法にも苦慮しています。

　生活面や道徳面への指導も大切な職務です。挨拶や言葉遣いをはじめとして、他人への思いやりなど社会の一員として欠かせない力を養わなければなりません。それは、個性や家庭環境など様々な状況に留意して行われます。「担任は一人一人を把握して育てる」と言われるだけに、安易な構えでは務まらないと想像していただけると思います。そして、これは授業時間以外の活動すべてを通して行われなければなりません。

　保護者との関わりもまた大切な職務のひとつです。健全に育て、学力向上を図るために交流を図っています。家庭訪問や懇談会、連絡帳を利用する機会のほか、不定期に保護者からの相談に応じます。それぞれに記録をこまめにとり、必要に応じた手立てを講じるなど幅広く的確な対処が求められます。

　地域との交流もあります。各種団体との懇談・協議、地域行事への参加、試合や発表会への応援、ボランティア活動などです。

　担任の職務を書き並べそれを詳しく述べれば本が1冊できるくらいです。実際のところ、多くはその守備範囲をつかみ切れていないかもしれません。

　そして、守備範囲が広いが故に、子供たちにどんなしわ寄せがいっているのかもはっきりしません。そのくらい余裕もなく、目の前のことに日々手一杯です。

■月月火水木金金

　戦争を語れる人は非常に少なくなりました。戦争を美化して
はいけませんが、風化させてはなりません。私たちが生まれる
前に、軍国主義が猖獗を極めた時代がありました。それを表す
のに「月月火水木金金」というのがあります。軍歌にも同題で
ありますから、どこかで聞かれたかもしれません。

　この「月月火水木金金」は日露戦争の勝利後に、「勝って兜の
緒を締めよ」とばかりに、休日返上で猛訓練を行ったことに始
まる言葉です。訓練の厳しさが想像できそうです。

　これを引き合いに出したのは、教師もまた土日がないくらい
に働いている現状だからです。私自身、担任時代は丸々土日が
休めたというのはわずかだったと記憶しています。出勤もしま
したし、何や彼やと家に持ち帰りもしました。休日に時間を充
てないと翌週に差し支えるからです。冬季休業中には元日だけ
しか休まなかった年もありました。昼夜分かたずの勤務実態は
この職業だけではないでしょうが、多忙でした。

　能力がないからそんなにしてまでと言われそうですが、思い
返すとやはり仕事量は多かったように思います。縷々述べると
紙面がとんでもなく増えそうです。

　月曜日から土曜日（当時は土曜日の午前中まで課業）は、職
場から帰ると夕食をとり、休む間もなく部屋で働いている毎日
でした。家族の理解と協力がないととてももたない毎日だった
ように思い起こされます。私などはまだよいほうで、嫁であり
母親であり妻である境遇の女性教師は、私とは比較にならない
くらいたいへんなのは想像に難くありません。一人で四役をこ

なさなければならないのですから、身体的精神的な負担は計り知れません。

　私と同僚だったＹ先生はやはりこの四役があてはまる方でした。家に帰れば義父母の世話をしなくてはなりませんし、小学生のお子さんが二人。ご主人は会社勤めなので教職にどれほど理解してもらえるのか、など悩みはあったはずです。ですが、Ｙ先生はいつも早く出勤し「早朝からの残業」もしていました。ご主人の弁当づくりもあったようで、負担は大きかったと推察します。退勤時刻は他の職員よりは少し早めでしたが、仕事ができていないとか遅れたとかというのはありませんでした。自分の余暇を削っていただろうし、睡眠時間も短かったでしょう。これが慢性化すると「授業で勝負できる人材育成ができない」現状ができてしまいます。これは表に出にくいのですが、たいへん大きくかつ深刻な問題です。

　こうした例はＹ先生に限らないと思われます。中には家族が病気だったり介護が必要だったり、あるいは他の負担を抱えています。教師に限らずと言えましょうが、誇るとすれば子供たちの前ではそうした様子は見せず、明るく快活に職務にまい進しているたくましさです。

■夏休みと冬休みの誤解

　ひと頃、周囲の人たちからうらやましげに言われたのが、安定した職業でよい給料をもらって、という二つでした。実際は公務員ですから高給取りのはずはないのですが、なぜか世間

（特に地方）ではそのようにみられていたようです。加えて、夏休みや冬休みといった長い休みが与えられているという誤った情報です。中には「学校の先生ばかり楽して不公平」と責めるような口調で言われもしました。

　今では様々に情報が出ていますから、さすがにこれらについては誤解であり、人口に膾炙した勤務実態が知られていると思われます。

　確かに子供たちは学校に来ませんから、彼らと接する時間が少なくなった分だけ負担が減りはしますが、かといって楽になるわけではありません。この時期には研修がたくさん入ってきます。それは文部科学省が主催であったり教育委員会のものであったりと、多岐にわたって行われています。これに加えて学校内においても研修会（校内研修会）が計画され、これまた普段はできない内容について、日程が組まれ実施されています。例えば、「学校の危機管理」や「児童生徒の健康」、「いじめ・不登校」、「特別支援教育」、「外国語教育」、「食育と食物アレルギー」、「児童生徒理解」、「プログラミング教育」、「性同一性障害・性的マイノリティ」といった具合に、学期中ではできない研修をこの時期に集中的に行い、深く掘り下げていきます。そしてこれらに伴い、多くの書類作成が課せられます。

　また、教科毎に他校と共に行う研修（富山県では小・中学校教育課程研究会）もあって、他校や公的な施設を利用しながら進められます。また、教育団体や教育委員会が作成している資料づくりへの協力も求められますし、地域やPTA活動への参加も欠かせません。

　さらに大切なのは、子供たちに直接に関係するものです。個

人記録のまとめ、教材研究とともに教材づくり、次学期に必要な学習資料の取材や収集など、この時期にしかできないことはたくさんあります。そして、校務分掌など担任以外の多岐にわたる職務をこなさなければなりません。

　子供たちと接する機会も大切にします。スポーツの試合の応援に行きますし、芸術分野の発表会があれば参加します。事件・事故がないにこしたことはありませんが、不幸にしてあった場合はそれにつきっきりになったりもします。少ない件数ではありますが、自然災害による校舎の破損、ボヤ騒ぎ、外部からの校舎侵入、不審者による異常行動等々書ききれないほど多くがこの休みの期間にあります。できれば、せめてお盆のときや年末年始ぐらいは心穏やかに過ごしたい、と願うのが本音ではないかと思うのです。

> **蘊蓄**　**教育公務員特例法　第21条**
> ・教育公務員は、その職責を遂行するために、絶えず研究と修養に努めなければならない。

■提灯学校

　ひと頃「提灯学校」なる語が流行りました。夜遅くまで明かりの点いている学校を指します。つまりほぼ毎日、長時間の時間外労働がある学校です。学校によっては、いつまでもだらだらと仕事をしていると揶揄されました。

さすがに「働き方改革」が叫ばれている現在は、少しずつ改善されてきているようですが、当時は夜の10時、11時、時には日をまたいでの勤務といった光景が見られました。中には学校に遅くまで居残るのを得意げにしている者もいると聞きましたが、多くは必要にせまられ、あるいは使命感や情熱の現れとして残業に勤しんでいました。この仕事はここまで、これでよしとするゴールがありません。特に、指導方法やそれに係る教材研究は留まるところを知りません。

　一例ですが、授業を終えれば理解の実態や授業の課題を見極め、それに伴って明日の授業を考えるといった作業が必要になります。ひとつの手立てとして子供たちが書いたノートや学習作業を分析する方法があります。一人一人が書いた内容を読み取るだけでも膨大な時間を必要とします。そのうえ、一冊一冊に朱書きを入れ個々の学習に対する評価を行いながら、次の学びへの指針となるようしてやらなければなりません。

　これをひとつとっても勤務時間内で終えるのは無理で、やはり学校に居残ってそうした作業をする必要が出てきます。結果、外部から見ればどの教室にも灯りがついて、となります。

　私も提灯学校と言われる小学校に勤めていました。私が赴任した頃はそれほどでもありませんでしたが、ある校長は私に「夕方6時からあらためて仕事が始まると考えてもらわなければ、この学校にいてほしくありません」とピシャリと言われました。早朝に出勤し、深夜まで学校にいる教職員を高く評価する校長でした。そんな意識の管理職が割といたのではないでしょうか。

　今はそれが許されない雰囲気が出来てきました。一定の時刻

になれば管理職から退室するように促されるのですが、結局は仕事場が学校から自宅になるだけです。無論、それを覚悟でこの仕事に就いたのですからやるべきでしょうが、多忙化とより良い教育推進の両面から考えたときに、これでよいのかと疑問をもってきました。翌日は冴えた頭の元気な顔で、子供たちに接するのがとても大切なはずです。

■残業の付け替え

　改正教職員給与特別措置法が成立しました（2021年4月1日施行）。長時間労働の深刻さにより、ストレスの蓄積、精神疾患や自殺、過労死等の実態に鑑みて作られました。その内容としては、「変形労働時間制」の導入です。学期中は忙しく休暇がとれません。そこで学期中の勤務時間を延長する代わりに夏休みにまとめて休みを取る、つまり働く時間を年単位で調整しようという試みです。もう一つは、所定の時間内に行う職務の多くが命令によるものでないことから、仕事量を適切に管理するという内容です。そして、「原則月45時間、年間360時間」を残業時間の上限としています。

　これで多忙が解消されるか、教育の質の向上につながるかとの疑念が残らないでしょうか。またこれまで以上に仕事量を"適切に管理"するのは、現状であればかなり難しい気がします。そもそも多忙化解消への取組は可能な限りやってきているはずです。

　この方策ではますます残業の実態が見えにくくなる恐れがあ

りますし、定時が延びて夜中の通常勤務が常態化する恐れがあります。ですから残業はやらせ放題になるかもしれません。そもそも夏休みに休みがまとめてとれるのか不確実です。夏休みに仕事がないと思われているのでしょうか。学期中にできない仕事は山のようにあって、それは夏季・冬季休業期間中を利用してやっています。そして、研修はこのときとばかりに種々入ります。部活動の練習や大会に費やさなければならない時間もまたかなりの負担です。

　子育て中であれば辛さが増しますし、産みたいとの願いが挫けそうです。出生率を憂える国の方針とは全く逆行します。

　長時間労働の是正を図るはずが、労働条件を悪化させるのは本末転倒です。ほんとうによかれと思っての施策でしょうか。必要なのは働き方改革による真の負担軽減のはずです。これがよりよい教育を施してやれるとても重要なポイントです。そのために、職務の精選が可能にできる外部からの働きかけや、教員定数の見直しが求められます（小学校の全学年を1クラス35人以下にするとの方針は朗報）。他は変えずに変形労働時間制だけを取り入れるのであれば、"金のかからない残業の付け替え"のような気がします。

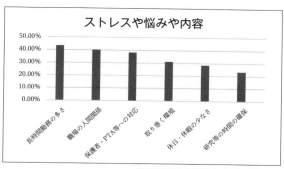

過労死等防止対策白書（2018年版）

■身を粉にしての教頭

　教頭職は学校の内でも外にあっても"超"多忙な職です。傍から見ると他と同じように、何ごともないかのように動き普通に話しています。たいていはそう見えますが、その実情は身体も精神もけっこうぼろぼろです。気力と体力でなんとか自分を支えています。磊落で春風駘蕩を地で行くような者でも、大なり小なりこうなります。

　私など教頭になった時に初めて校長になりたい、と思ったものでした。早く今の境遇から逃れたいという一途からでした。大それてはいましたが正直な思いです。

　何がそんなに忙しいのか。これはやった者でなければわからないのですが、とにかく職務範囲が広く、しかもめんどうでやっかいだからです。そんな仕事はほかにもあると言われればそうですが、校長や教諭、ほかの職員すべての板挟みとなり、

保護者や地域に関する一切合切が教頭にかかってきます。下から突き上げられ上から圧され、もめ事はすべて抱え込まなければなりません。しかも校長や教育委員会の手を煩わせてならないといった殊勝な構えに加え、解決力が求められますから一層たいへんです。職務の種類と中身を挙げると、枚挙にいとまがありません。労働時間はすべての期間において、どの職種よりも長くなっています。

　ある学校でたいへんなクレーマーがいました。教頭は女性ではありましたが、反社会的な人物であったその保護者にも対処しなければなりません。かなり精神的にも参っていたようですが、持ち前の粘りでなんとか切り抜けたようです。こう書いてしまえば簡単な話になってしまいますが、毎日のように罵倒され、学校に来れば長時間居座られ、一方的に理不尽な物言いに終始していきます。当人にすれば安らぎのない日々が続いたはずです。教頭職は因果なもので、こうした相手にも校長を煩わせてはならない、といった教頭気質が働き、追い込まれていく境遇にあります。教頭はすべてといってよいくらいに何に対しても最前線に立ち、しかも解決に導かなければならないという宿命の職種です。

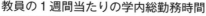

教員の１週間当たりの学内総勤務時間

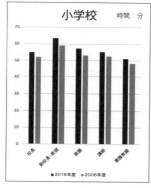

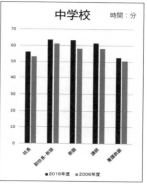

文部科学省「教員勤務実態調査」2016年度

　教頭がストレスを溜めるのは何も大きな出来事ばかりではありません。私が教頭であった時の経験です。その学校は現業職員（学校用務員）がおらず、修理や雑用は教頭へ、が暗黙の了解、不文律になっていました。ある日、担任が教頭先生お願いしますとトンカチと板切れをもって私の前に現れました。掃除用具を入れておくロッカーの一部が壊れたからというのです。驚きました。そして呆れました。釘を２本打てば済む作業だからです。「教頭の椅子は温まらない」が常態化しています。

　こんな有様ですから、教頭に課せられているたくさんの事務処理や文章作成は、ずっと後になってしまいます。その日にできればまだよいほうで、たいていは残ってしまい土日の仕事になります。教頭の職務推進の桎梏と言いたいくらいです。

　こういう勤務状態は未だ改善されたとは聞かれません。耐え忍び踏ん張り抜くか身体を壊すか、といった究極の選択を迫られる職といえそうです。

■早い退勤への不満

「働き方改革」には縁遠かった教育界にもその波がきました。以前から学校現場にはこの職務には限りがなくエンドレスは当たり前、とか労働者であるとの意識をもつのははばかられるといった考え方が通奏低音としてありました。ですから勤務終了の時刻がくれば、帰宅の途につくなどはもってのほかで、土曜日、日曜日に学校に来るのは珍しくもない光景です。深夜に渡る残業はできなくなっていますから、そういう意味でも続いています。

それでも現状を憂えて、何かしらのてこ入れをしなくてはならないだろうというので、いろいろ試みはされています。例えば、退室を促すためにその時刻を記録することも、ようやく取り入れられるようになりました。ところが、教師側にすれば、それがどうしたという程度の話です。帰り時刻を記録するシステムが働き方のどんな改革になるのか、といった諦めに似た気持ちです。

私が教頭であったある学校は、何人もが遅くまで残っていました。能率を悪くしているのではないか、また防犯防火上も問題があると思い、日々早く帰ろうと促していました。しかし、それは反発を招くだけでした。こんなに仕事があって一所懸命やっているのに帰れるわけがないだろうという憤りでした。中には家に帰れば舅がいるとか、連れ合いがどうせ遅いからという理由で残る者もいましたし、進め方が遅く同じ内容でも同僚に比べ時間がかかる、という事例もありました。しかし、多くは勤勉で誠実であるがゆえに帰ろうにも帰れない、それが実態

でした。

　そして、いつのまにか職員室や教室が書斎化し、学校にいる
ほうが落ち着くという者まで出てきました。居心地がいいので
す。ですから、深夜や休日の時間外に学校にいるのが苦痛では
ないのです。ここまでくると、「早く帰ろう」と言われるのが
迷惑であり、怒りにさえなりかねません。現に私はある女性教
師から「なぜ帰らなくてはいけないのか」と反論されました。
私は働いている、あなたにそれを言う権利があるのかというわ
けです。私としては、職務への取組が非能率的（よそ見、お
しゃべり）で処理能力に問題があったために意見したつもりで
したが。

　中には、能率よく優先順位をつけて片っ端から処理できる高
い能力をもっていたり、教育効果があがるように巧みに仕事に
軽重がつけられたりする教師もいます。一概に帰りが早い遅い
で能力については語れない難しい問題ではあります。現状の体
制のままであれば解決が見通せない課題になっていきます。

■険しい授業までの道

　教師の職務の第一は、言うまでもなく授業にあります。授業
次第で能力を伸ばせられるか否か、学びたいとする意欲がもた
せられるかを左右します。学校生活が楽しく意義あるものにな
るかにも大きく影響します。ですから授業の重要性は、容易に
理解していただけると思います。

　その授業はどのようにして授業の形になるのでしょう。楽し

く分かる授業は（いつもそうならないのが教育の難しさですが）、子供たちが流れるように思考する授業です。それには知識や知恵、教育技術が必要になります。それらを駆使して毎日教室に臨んでいます。と言いますと恰好よく聞こえますが、教師は通暁した森羅万象に及ぶ教養があるわけではありません。したがってそれを補うために、同僚の知らないところでも努力が必要です。実態に合わせた資料の収集をはじめとした教材研究、つまり何をどのように教えるかいった作業なしで授業は成り立ちません。

　例えば理科の実験をするのであれば、事前に自身がやってみて効果や改善点を見定めておかなければなりませんし、家庭科の裁縫や料理といった実習ならば、あらかじめ作ってみます。出来上がりよりは、実習を行う中で何か問題はないか、より理解を深める取り組ませ方はどれがよいか、などと確かめておくべきものがあるからです。どの教科も多かれ少なかれ、授業の前にこうした事前の取組をしておきます。

　国語や算数はどんな問いかけ（発問）で授業を進め、その間の学習作業に何を入れるか、板書はどういう形にするか等、色々とあります。ベテランでもその都度それが求められます。しかも毎日のことですから漸進的ではお話にならず、前日までに終えておかなくてはならない点に困難さがあります。また授業には前日の準備のほかに、日ごろから心得ておいてこそ、よりよい授業が成立します。金科玉条とまでは言いませんが、以下ぐらいは心得ているはずです。

　　○教えている学年に関係する資料（教科、生活）を収集しておく。

　○名人と言われる人の授業（指導案を含め）を分析しておく。
　○教えるもととなる体験（見学、実習）や読書を怠らない。
　○他から学ぶ態度を持ち続ける。
　○授業のシミュレーションを行ってみる。

　程度の差こそありますが、こうした取組は意識無意識のうちにやっています。授業を参観される機会がありましたら、授業から見えない部分を想像してみてください。

■「安月給でがんばれ」

　文豪夏目漱石が、明治28年に愛媛尋常中学の英語教師だったとき、給料は80円だったそうです。前任の外国人教師に代わる招聘だったことから、校長の給料60円を上回る高給です。小学校教員の初任給は8〜9円、巡査初任給が8円、大工手間賃54銭、ぐらいですからやはり破格です。明治28年頃の白米10kgが80銭ぐらいと比べても、漱石の給与はうらやましい限りです。

　現在の公立学校での給与はどのくらいかといいますと、小学校336,000円（平均年齢43.4歳）、中学校346,000円（同43.8歳）です（文部科学省「学校教員統計調査」2016年）。給与水準は民間企業との均衡を確保し、乖離しないよう調整されています。これが高いか低いかの判断基準は人によって違いましょう。

　この給与にまつわる話がありまして、私が30代で担任をしていた頃の話です。教職員とPTA役員との懇親の席がありました。これは年に一度相互の親睦を深めるとともに、ざっくばら

んに学校教育について意見を交えるために開かれています。普段は多少なりとも肩ひじのはった関係になりがちですが、この日ばかりは酒も入り、気楽に情報交換やら世間話やらに花が咲きます。そんな宴席も終わりとなり皆が席を立ち、帰り始めた時でした。男性役員の一人が「先生たち、安月給でがんばれよ」と、酔いにまかせてか、大きな声で私たちに向けて言い放ちました。酔ったときは本音が出ると言いますから、日ごろの思いなのでしょう。民間企業に勤めているその役員からすれば、私たちの給与など安月給に映っていたのだと思います。

　そう言われれば、同じ頃、中小の電気会社に勤めている知人と給与の話になった折、その知人が「ほんとうにそれだけ」と驚かれたのを思い出します。30代前半の給与とはいえ、そこまで言わなくてもと少しばかりショックでした。

　1985年からのバブル時代のような景気のよい時は、私たちの給与を話題にする人はそういなかったでしょう。やがて緊縮財政の時代になり給与が下げられ、昇給は55歳でストップになりました。上を見ても下をみてもきりのないお金の話ですが、若い頃の少しばかり苦い思い出です。

■手を焼かせる子供たち

　授業を進ませないなどの問題行動により入学後たった3か月で退学させられた発明王エジソン、言語障害があり「のろまなやつ」と罵られていたアインシュタイン、友達から「泣き虫」「はなたれ」とからかわれていた坂本龍馬、多動性や衝動性な

どの発達障害の可能性があったといわれているモーツァルトなど、偉人の中には周囲に手を焼かせた人たちが少なくありません。

　現代の学校では、こうした子供たちを「手を焼かせる」とは言いません。手を焼くのはほかのところにあります。

　例えばわがままで自分勝手な利己主義です。これは友達に対しても手を焼かせるタイプでもあります。自分の思う通りにならなければ怒るか泣くか、あるいはどこかへ行ってしまうか。

　私も担任しました。とにかく自分のしたいようにしないと気が済まず、なぜそれがいけないのか分からないのです。どれだけ噛んで含むように聞かせても「自分は間違っていない」の一点張りです。終いには「家の人は何も言わない。認めてくれる」と聞き入れません。掃除はほうきをもってうろうろするだけ、給食の好きなおかずは自分だけたくさんよそう、友達に借りた物を返さない等、本能のままに行動します。暴力的な行為もあります。

　人を見下す行為にも手を焼きます。周りを巻き込んで群れとなり、相手を馬鹿にしたり仲間外れにしたりと、人権侵害も甚だしい事例もあります。この存在は影響力があり狷獪を極める場合さえありますから、学級づくりには困った存在です。親和的な学級づくりを目指すにはその行為は妨げになります。休み時間には数人でたむろし、何やらこそこそ怪しげに話をしているかと思えば、服装や持ち物からその貧しさを嘲ったり、動作の遅さを罵ったりもします。真面目さには逆手にとって真面目さをおちょくります。成育歴のどこかでそうした大人に接してきたのでしょうか。

それから批判的な場合です。気が合わないとみると反抗的態度に出ます。何かしらの指示があると素直に取り組まず、まずは一言二言文句を言ってからというのは序の口で、みんなで力を合わせて取り組むことでも、嫌いな教師に言われると動かないという子供もいます。時には保護者といっしょになってというような行為もありました。こうなるとなかなか手ごわく、一筋縄ではいきません。私にも経験があります。学習教材の注文をとり集金をしました。当時は集金袋を渡し、現金を入れて学校にもってくるシステムでした。集金した翌日、ある女子が「先生はお金だけ集めておいて、品物を渡さない。どろぼうみたいだってお母さんが言ってた」と詰め寄ってきました。注文数がはっきりしたところで業者の方が納入するわけですから、教材はすぐに届きません。これには理不尽を感じました。この手の話になると、たいていの教師は問わず語りに憤懣の体験を話すかもしれません。

　手を焼くというよりは指導が難しい場合があります。自分に自信がなく何ごとにも消極的な子供です。生来の場合と環境によってそうなる場合があるようです。どちらにしても何とか自信をつけ、意欲的な学校生活を送らせてやりたいと思うのが教師としての思いです。ですが、これがとても難しいのです。正鵠を射たような方法はそう簡単にありません。知恵を絞り、時には同僚の力を得ながらその子供のために尽くさなければなりません。少しは力になれた時もあれば、自分の力不足を痛感もしました。

　手を焼かせる子供たちを導いていくのも大切な仕事と自分に言い聞かせるのですが、教師も人の子、ストレスが溜まります。

> **蘊蓄**　モンスターチルドレン
>
> 　学校や教師に悪賢く反抗する子供のこと。小学校低学年から見られる。自己中心で、大人は何をされたら困るのか見透かす。大人が強く出ないことを知っている。親の他に対する敬意のなさに原因があるとも言われている。

■学校なのに家庭教育

　保護者の皆さんの間では「家庭教育」という語はあまり使われてはいないようです。無論それほど意識しなくとも、健やかに人間らしく育てられている家庭であれば、気にする語ではありません。

　家庭では子供が人間らしく生活できるための、最も基本的な段階の教育が施される場です。排泄や掃除、洗顔をしたり食事を摂ったり、言葉の遣い方などをはじめとして様々なことを学ばせる場となります。善悪の判断力も養わねばなりません。多くの家庭でこれらが行われていますが、中にはそれが不十分な家庭があります。乳幼児期の段階で「次世代育成能力の欠如」と呼ばれる親の能力不足が問題になっています。端的には躾ができていないという言い方ができます。そこで、より良い学校生活を送り、教育効果を上げるために、以下についてできているかが気になります。

・家族間で「おはよう」「おやすみ」「いただきます」「ごち
　　　そうさま」「行ってきます」が言える。
　　・近所の人に会ったら挨拶ができる。
　　・睡眠を十分にとっている。
　　・洗顔をしている。
　　・部屋が片付いている。
　　・三食食べている。
　　・持ち物を大切にしている。
　　・家庭での約束ごとを守っている。
　　・落ち着いて話が聞ける。

　これらができていないと、学校で補う必要が出てきます。箸
の持ち方、トイレの使い方まで指導しなければなりません。人
に何かをしてもらったらお礼を言う、といったことまで様々で
す。時にはこうした指導のために、集団生活、集団教育が成り
立たず、授業をスムースに進める上で支障が出てきます。
　したがって、生徒指導といった要素を入れながら家庭教育に
もつながる内容を学校でも取り組まざるをえません。学業に関
係する以外では次のようなものが挙げられます。
　　○家庭が原因となる情緒不安の解消、社会的不適応の治
　　　療、生活適応の指導。
　　○人とのコミュニケーション能力の育成（友達とうまく関
　　　われない等）。
　　○社会生活を営む上で必要な道徳性の指導（思いやり、協

調性、反社会的行動等）。
○交通事故等の安全指導（歩き方、自転車の乗り方、町内
の危険箇所、不審者等）
○家庭における余暇や休暇の過ごし方の指導。

　学校教育と家庭教育が連携していく時代になって久しいので
すが、家庭での躾がもう少しあったらと思わせるケースはあり
ます。学校と家庭との教育が連携し歯車が合えば、教育効果は
一層期待できるはずです。

> **蘊蓄　教育基本法　第10条　…新設条項**
> ・父母その他の保護者は、子の教育について第一
> 　義的責任を有するものであって、生活のために
> 　必要な習慣を身に付けさせるとともに、自立心
> 　を育成し、心身の調和のとれた発達を図るよう
> 　努めるものとする。

■安心安全の重圧

・図工の時間にカッターナイフを持って席を立ったときにバ
　ランスを崩し椅子から落ちた。その際にナイフの刃でほお
　を切った。
・理科の授業中、ボールペンで遊んでいたのを持ち主が取り
　上げようとしたときに、やりとりをみていた児童の眼に
　ボールペンが刺さった。

・給食の準備時間中、廊下を走ってきた児童に背後からぶつ
　かられ、廊下の脇に置いてあった机の角に顔面をぶつけ
　た。
・体育の授業中、体育館を５周ジョギングした後、急にふら
　つき意識不明となった。救命措置を実施し病院で治療を受
　けたが同日死亡。

　これらは学校事故の一例です。残念ですがごく一部でしかあ
りません。障害を伴ったり、死亡に至ったりする例は全国で起
きています。軽度なものから入院して完治するものを含めれ
ば、どの学校でも起きているといって過言ではありません。

　学校の管理下で負傷・死亡等が生じた場合には、学校の責任
の有無にかかわらず、独立行政法人日本スポーツ振興センター
による、災害共済給付制度によって災害給付金が支払われま
す。給付金額を超える場合は損害賠償責任が追及されます。こ
れは国家賠償法により、教職員に故意・過失、学校の施設設備
に瑕疵がある場合に限られます（国公立学校の場合。私立は民
法による）。

　しかし給付金が支払われるからそれで解決というわけにはい
きません。学校内でそうした事件や事故が起きるのは、学校と
して教師として恥ずかしく猛省に値します。

　ただ何も対策をしていないわけではないのは分かっていただ
けると思います。登校してから家に帰りつくまで、事件事故に
対し緊張の連続で勤務をしています。それは当たり前とはい
え、なにせまだ未熟な者の行動です。特に小学生ともなると、
ベテランでも予測できない行動に出るのはめずらしくありませ

ん。ですから、校外行事はもちろん、体育や理科、家庭科、図画工作科で道具を使うような場合には徹頭徹尾、安全に気を配ります。掃除や給食準備の際にも気が抜けません。担任が休憩時間でも職員室に行って休憩できない理由がここにもあります。少しの油断が、自責の念に駆られることのないようにしなければなりません。

　私事で恐縮ですが、1年生を担任した時の思い出です。1年生は他の学年より早い時刻に帰宅するのですが、それでも退校後は、くたくたに疲れた覚えがあります。体力も気力も無くなっているくらいの感で、しばらくすれば慣れるかなと思っていましたが、それは最後まで同じでした。少し目を離すと怪我に結びつくような危険がありましたし、何をするにも安心安全を最優先に指導をしてからという毎日だったからです。私の力の無さによるのでしょうが、その年はずっと緊張していた苦い思い出です。

　子供は何をするか分かりません。予測のつかない行動に出るのが子供、と認識をしながら接するのは非常に重要です。常に「このくらい分かっているはず、こんなことをするはずがない、は危険」という構えでいなければなりません。心身ともに未熟な段階と認識しておく必要があります。30人、40人と多くの子供たちと学校で過ごすのは楽しいですし、やりがいはありますが、それを持続させるために気を張らなければならない重圧もまたあります。

蘊蓄	医療費を給付した負傷・疾病数
	（給付金額）
小学校	353,435件 （3,113,284,000円）
中学校	342,919件 （5,457,579,000円）

独立行政法人日本スポーツ振興センター
「学校の管理下の災害」2018年版

■クレームの現実

　モンスターペアレントやクレーマーなる存在が社会問題化してずいぶん経ちます。こうした人たちは、ごく一部の人たちであると分かってはいますが、ただその一部の存在が凄まじいのです。中には顕在化したというのではなく、はっきりした言動で示すわけでもなく、とにもかくにも学校に敵対的な保護者がいます。

　実際のクレームには、「こんなに面倒な準備がいるなら、行事を休ませる」「隣家の子がうちの子と仲良くしない。担任が悪いからだ」「雪が降っているのになぜスキー教室を行う。風邪をひいたら責任をとるのか」「なんで叱るのか。親も叱らないのに」「いじめたのは相手が悪いからで、うちの子に落ち度はない」など等。もうめちゃくちゃです。中には暴力的な保護者もいて、身の危険にあった事件が報道されもしました。

　こうした保護者の特徴は、自己中心的で理不尽な要求をしま

す。それは不当で不可解なものとなって表れます。自分の考えがすべてである、と考えているところがなかなかやっかいです。自分は優位でないと気が済まないというのが根底にあって、対処にはなかなかエネルギーのいる仕事になります。

　ある学校では保護者から要望がありました。勤めの関係で子供を早朝に学校まで連れていくので、預かってほしいというのです。朝の7時を過ぎたばかりの頃から、責任をもってあずかることはできないと断ったのですが、子供の面倒をみるのが学校の仕事だろうと、かなり強硬で食い下がってきます。こういう考えをもつ保護者に理解を求めるのはなかなか骨のいる仕事です。

　この項目の趣意は、保護者の皆さんに不満を述べることではありません。教師の見識不足から不手際がありますし、気配りの足りない無神経な者もいますから批正はむしろ必要です。それによって成長にプラスになるのであれば受け入れるべきです。要は筋が通っているか否かです。

　その筋が通っていなかった例をご紹介します。

　4年女児A子の保護者から連絡帳に「仲間外れにされている。なんとかしてほしい」旨の記述がありました。A子や周囲の子供たち、事情を知っている同僚から聞き取りをした結果、仲間外れにしているのはA子であると分かりました。友達が自分の思い通りにならない腹いせに、親に不満を言ったのが発端です。事情を詳しく親に伝えたところ逆上し、それからは事無くともクレームが度々あるようになりました。「成績が悪いのは教え方が悪いから」「担任は無視している。うちの子が嫌いなのか」「担任の性格が悪く皆が不満をもっている（実際は慕わ

れている)」、など次から次でした。連絡帳に書かれるクレーム
は長文で、返事が短いと気持ちがこもっていないと、まずそれ
への抗議から始まります。電話では授業があるので後刻話そ
うとすれば、誠意がないと怒りが収まりません。父親からの罵
るようなクレームもありました。それは学期中続き、担任は何
度も家庭訪問をするなどして、理解を求めるのですが無理でし
た。生徒指導主事や教頭も対応に当たりましたが、聞く耳をも
たずです。狷介ゆえにますますこじれました。担任はほかにた
くさんの仕事を抱えていますから、2時間以上のクレームに対
処した後にそれにかかるので、帰りは当然遅くなります。

　校長室でひざ詰め談判もありましたが、とにかく一方的に我
が子の正当を主張するだけで、言いたいだけ言い終えたら、怒
り心頭に発したまま席を蹴る態度です。結局、年度が終わるま
でクレームは続きました。解決したのはA子の周りにいる子供
たちが"大人になって"思いやりをもって接してくれたからで
した。

　まだまだ醜く嫌悪したい事例はあります。これは決して特異
なものではないのです。

■隣り合わせの危険

　この職業が、危険と隣り合わせであるのはあまり認識されま
せん。新型コロナウイルス感染症や新型インフルエンザウイル
ス、ノロウイルスに代表される感染症が身近であることがまず
挙げられます。また、怪我や生命に関わる道具を使う仕事にも

携わります。草刈り機や除雪機、梯子を使うような高い所の作業があります。私の同僚は除雪機で指を怪我し、長期間の治療を余儀なくされました。電動ノコギリで指を切り落としそうになった例もありました。

　家庭科の包丁をつかった実習でも事前に指導するのですが、包丁をもった児童が振り向きざまに刃先が向けられ、怪我しそうになったこともあります。自身の安全安心の確保に努めるのも、この職を続ける上で大切な要素です。

　健康に関して、過労死ラインが社会問題になっています。健康障害のリスクが高まるとされる時間外労働時間を指す言葉です。「先生は24時間働いて先生でしょう」と言ったモンスターペアレントがいましたが、そうはいきません。教師だって心身に限界があります。

　そもそも前述したように、この世界には残業をしているという発想はありません。"限りのない仕事"が残っているから、やるのが当たり前といった姿勢です。残業による手当という対価についても考えが及びません。

　文部科学省の調査で過労死ラインを超える教師が、小学校で約3割、中学校で約6割の事態にあってもです。これは、1971年に制定された「給特法」（公立の義務教育諸学校等の教育職員の給与等に関する特別措置法）によるところが大きいのではないでしょうか。この法律は仕事の特殊性を理由に時間外勤務手当を支払わず、その代わりに月給の4％を支給すると定められています。これにより、手当は出ているというように扱われ、勤務時間外に限りなく仕事をするのが当たり前のようになってしまいました。私も20代、30代の頃は勤務時間後の仕事

は自分ができていないからで、遅くまで学校に居残るか家に持ち帰ってするものと思っていました。中学校では自主的な活動とされる部活の指導や生徒指導上の諸問題で、多くの時間と労力を費やしています。

　また、校長のそれらに対する姿勢も左右していると思われます。つまり「残業の無管理」です。遅くまで学校に居残っているのをよしとする校長がいます。「熱心によくやっている」というところなのでしょう。このようなロジックの下では、手際よく的確に職務をこなす者が浮かばれません。2014年に福井県若狭町の教師が長時間労働による過労が原因で自殺し、校長の安全配慮義務違反が認定され約6,540万円の支払いが県と町に命じられました。こうした事件が繰り返されないよう祈るばかりです。

蘊蓄

・**過労死ライン（時間外労働）**

週20時間以上の時間外勤務

１日８時間勤務で週５日の40時間労働として計算する。（月80時間以上の時間外労働）

・**精神疾患による病気休職者**（2018年度文部科学省：公立学校教職員の人事行政状況調査）

平成26年度　5,045人　平成27年度　5,009人

平成28年度　4,891人　平成29年度　5,077人

平成30年度　5,212人

■ヒト・モノ・カネはなし

　学校ではコピー機をあまり使いません。一枚当たりにかかる単価が高いからです。ですから印刷枚数が20枚を超えたら印刷機を使うとか、節約のためのルールがあります。厳しい学校ではコピー機横に備え付けてあるノートに、コピーする枚数や使用目的、使用者を記入させています。かつて富山県庁に勤めていた頃、一千枚単位でコピーをしているのにはとても驚きました。学校ではあり得ません。

　学校現場にはお金がありません。仕事上必要な文具なども多くは自前です。職員室や教室のロッカーも、他校で不要が出れば譲り合って使います。安全面に関してすぐには危険がない、例えばトイレが臭いとか壁の色が剥げている等はよくて後回し、たいていは我慢する羽目になります。

　世の中の公共施設で冷房設備がないのも学校だけでした。地球温暖化による夏の高温多湿に備え、ようやくそれが備えられつつありますが、うだるような暑さの教室で、クールビズのシーズンを学習に勤しんでいました。ついでに申せば、冬の学校は寒いのが当たり前です。皆さんも経験あると思いますが、暖房にかかる燃料費が抑えられているからです。休み時間はこまめに暖房を止めるなどして、限られた燃料で我慢しています。

　自治体をはじめ教育委員会の予算に限りがあるので仕方ありませんが、直接、学習に悪い影響を及ぼす事態はできるだけ避けたいものです。

　最近では教職員の増員が大きな話題となっており、各学校や

教育委員会では大いに期待したいところでしょう。社会環境の変化や教育改革は、学校が抱える教育課題を急増させました。以前であれば、担任がほとんどすべてを一人でやっていたのが困難になりました。3、4年生次での「外国語活動」の新設、5、6年生次の「英語科目必修化」、「プログラミング教育の必修化」、「情報科目・理数教育の指導強化」は従来の授業スタイルでは難しいと思われます。社会の変化に応じて教育の内容が変われば、新たなヒトの力が必要になります。そうでなくとも、たくさんの子供とその多様な個性を生かすためにはどうしてもヒトがいります。現代の教育界では、担任一人で学習を進めるには無理がある時代になっているのです。学習の効果を上げるための少人数指導・習熟度別指導、心理を支援するスクールカウンセラー、福祉支援のスクールソーシャルワーカー、低学年等の学習支援に当たるスクールサポーター、障害のある子供の指導、日本語指導が必要な子供の指導、学校図書館の利用を促す学校司書、理科や音楽科、体育科、外国語の専科教員などは一部の学校には配置されていますが、未配置の学校が多い現状です。

　ヒト・モノ・カネの不自由を挙げればきりがありませんから、切実な例を少しだけ紹介しました。学校を訪れたりお子さんから聞いたりする話から、どうしてこんなことになっているの、と思われたらヒト・モノ・カネの足りなさに原因があるかもしれません。

> 蘊蓄
> ・**教育行政**　国及び地方公共団体は、教育が円滑

かつ継続的に実施されるよう、必要な財政上の措置を講じなければならない。

教育基本法第16条

・**加配措置**　少人数指導、習熟度別指導、ティーム・ティーチング、小学校における教科専門的な指導、いじめ・不登校等への対応、教育指導上特に指導が必要な場合において加配がある。

義務教育標準法（公立義務教育諸学校の学級編成及び教職員定数の標準に関する法律）

■教師がつくるブラック

　文部科学省初等中等教育局の「教員をめざそう」というパンフレットがあります。この仕事の魅力や就く方法が紹介されていて、「優れた資質能力を備えた魅力ある教員が必要」と書いてあります。「教員の魅力」のページもあって現場のやりがいに満ちた声も載せられています。そして、「地域社会の教育力が低下していると言われています。これに伴って、学校や教員に求められるものが多くなっています」ともあります。この点が詳しく知りたいところですが、教員を目指すための紹介ですから、そこは仕方ありません。

　ただ、文部科学省も困難を極めながら職務に励んでいると分かっているはずですので、教師を取り巻く教育環境が、よりグローバルスタンダードであってほしいなとは思います。今後の

教育行政に期待したいと思います。

　その上で考えるべきは、教師（学校）の姿勢や責任についてです。つまり、“ブラック”にしているのは外的な要因だけなのかという点です。仲間内には阿諛追従というのでは、木を見て森を見ず、になりかねません。冷静に正しくその在り方に潜む課題をあぶり出すべきです。

　例えば、責任感が強く使命感ある教師が、命を絶たなければならなかったのは学校や同僚に何ら責任はなかったのか。分担を含めた仕事の進め方に、これ以上の改善の余地はないのか。忙しいと不平不満に終始する者は、職務専念義務を果たした上で主張しているでしょうか。コンプライアンスの面で過誤はないか、どうにもできないからとブラックな現状をあきらめてしまってはいないか、といった点を問うてみる余地はあります。

　OECD国際教員指導環境調査（TALIS）2018の調査では次のような結果があります。（一部抜粋）

〔学級の規律と学習の雰囲気〕

・児童生徒が授業を妨害する　　小学校10.9％　中学校 8.1％

・教室内はとても騒々しい　　　小学校16.5％　中学校12.4％

〔高い自己効力感を持つ教員〕

・勉強にあまり関心を示さない児童生徒に動機付けをする

　　　　　　　　　　　　　　小学校41.2％　中学校30.6％

・児童生徒に勉強ができると自信を持たせる

　　　　　　　　　　　　　　小学校34.7％　中学校24.1％

　ほんの一部を例にとっても課題が見えてきそうです。そして学校や一人一人の教師に足りないものを誰が、どう補えばいいのかについて、一人で解決するには限りがあります。

第5章

よい教師の決め手は授業

「平凡な教師は言わなければならないことを喋る。よい教師は分かるように説明する。優れた教師は自らやってみせる。そして最高の教師は子供の心に火をつける」（アメリカの教育者・哲学者・作家　ウィリアム・ウォード）。本分である授業に当てはめて考えると示唆に富んだ名言です。ただ耳の痛い、大上段に振りかぶりたくはない内容です。本分なのに、そうした気持ちが多かれ少なかれあります。

　それでも平凡でありたくないとの向上心や熱意のある教師が大勢いるのも事実です。高見を目指して、授業巧者、授業名人になりたいという思いがあります。

　無論、そればかりではなく、学校教育にはそれに関わるありとあらゆる職務があります。より高い道徳性や良識に代表されるように人格面もそうでしょう。コミュニケーション能力も必要不可欠です。教えるに求められる十分たる知識も土台となります。これらを一定程度備えた上での「授業力」です。

　よい人だ、好感がもてるといわれても、授業をさせてみるとがっかりさせられるようではお話になりません。やはり、決め手はその能力にあると言わざるを得ません。

　難しいのは、多人数を一斉に教えなければいけないことです。教室にはいろいろなタイプの子供がいます。能力に違いがありますし、個性や資質は千差万別です。やる気のある子供もいますが、学習に関心がない子供もいます。そうした子供たちを相手に一人で指導するのですから、並大抵の仕業ではできません。

　それでもどうにかして、学び取るべきものを身に付けさせたいとする強い思いと実行力のある者が、よい教師と言われてい

るのだろうと思います。

　授業にはけっこう奥深いところがあって、簡単に語ることは
できません。そこでこの章では、その実際や本分にどう向かい
合っているかなど具体を示し、教師は授業で勝負すべき職業で
あることを紹介します。

■授業って何

　授業は何かと問われれば、あまりに当たり前すぎて、単純明
快に答えるとなると案外難しい問題です。教師の側も日々実践
しているからこそ、理屈はあまり考えていないかもしれませ
ん。しかし、「授業とは何ぞや」が分かっていないと「我流」に
終始しがちです。参観する機会がありましたら、これらについ
て知っていただいていると正しく学習できているのか分かって
きます。

　授業が成立するにはその構造を知るとよいでしょう。

　一つには、教師が決める要因があってこそ成り立つといった
側面です。それは次の通りです。

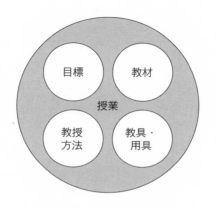

○目　　　標	授業で目指すもの。誰が見ても焦点化され具体的に表してあります。
○教　　　材	学ぶために必要な材料。教科書ばかりではなく、発達や興味、教育内容の系統に応じて選択されたり編成されたりします。授業の成否に関わります。
○教授方法	学習活動を左右します。子供たちへの関わり方や働きかけ方如何で、大きな違いが出ます。
○教具・用具	教授と学習活動に使います。これらを工夫し駆使すれば教育的効果が高まります。

　これらが揃っていないと、楽しく分かる学習が成り立ちません。そのために教材研究といって、教える内容について十分に理解し、授業を組み立てる作業が欠かせません。教科書や多くの資料による文献研究、実験によりデータを得たり留意事項を

確認したりする実験研究、作業を行いコツや感覚をつかんでおく作業研究、現地に出向いての見聞ほか観察・情報収集を行うフィールドワークがそうです。学習内容の上っ面だけを分かったようなつもりでいて臨んでいては、目標達成には行き着きません。

　二つ目も要注意です。それは、人間的条件が備わっているかどうかです。人格、資質と共に教室内の人間関係や集団としての雰囲気等が適切であるかは基本です。

　つまり「学級づくり」ができているか否かです。学習する集団がつくられていないと授業の効果は上がりにくいものです。学級担任制をとっている日本の学校では、こうした学級経営といわれる条件整備がとても重要な要素になります。教育活動の目標達成に何としても必要なのです。これがしっかりできていないとかなり苦労します。

　さらに、十分に施設や設備が備わっていなければなりませんし、学校がまとまりのある、意欲に満ちた教師集団としての組織になっているかも大切な要素です。

　そして、管理職を中心とした学校経営も大きく影響します。存分に集中できる体制や校内の健全な雰囲気をつくるために管理職がいるのですから、その責任はたいへん重いと言えましょう。

　いずれにしても、そこに臨むにあたり、どれだけの時間と知恵、労力を費やすかにかかっています。教師一人一人と学校組織の在り方で、大きく左右されます。

■学び方のいろいろ

　教室では教師と子供がいて、その両者で学習が進められているのは申すまでもありません。そんな当たり前の授業ですが、かつては、教師主導の教授型が多かったように思います。少なくとも始めの頃、私はそうでした。その後、子供中心の自主的自発的な学習が進められるようになり、その方法に苦慮してきました。これからは教師と子供がともに中心になって展開させていく形態へと変わっていくようです。

　つまり、難しくいえば自発性と指導性と共に進んでいく形態で、従来の一斉教授とは異なります。

　具体的にどのように行うかですが、これまでは、学んだ内容を確認しそれから新しい教材を教えていくというパターンが多かったのです。それが、授業をどのように構成していくかを共に考え、内容を研究したり調査したりと、これまで以上に能動的な学習になります。そして学んだことを整理し、適宜、指導が入ります。別の視点でいえば、授業の成立が家庭での復習や予習を伴っていたのが、学校での学習活動をもって成るということです。確かに理想的ではあります。言うほど簡単ではありませんが、時代が求めるものなのでしょう。

　これをしっかり意識して進めるのとそうでないのとでは、学習の伸びに著しく差が出てきます。これからの社会が求める能力を育てるために変化してきた学習指導ですから、その実際を、学習参観などを通じてご覧いただきたいと思います。

　また、学習指導には形態があって、それらを知った上で参観すると見方が変わるかもしれません。例えば、教師と子供との

関係ではいくつかの分類があります。

講義法	…一般的な方法。知識や技術を身につけさせるのに有効である。
説明法	…説明により客観的に理解させる。
講話法	…臨場感豊かに話し理解を図る。
討議法	…平等・自由な立場で討議し学習成果を上げる。ディベートやパネルディスカッションなど。
問答法	…子供と教師との間で問答をして進める。

また子供同士の関係による分類もあります。

一斉学習	…共通の内容を一斉に学習させる。
グループ学習	…グループになりそれぞれの学習目標に沿って活動させる。
個別学習	…一人一人の能力、興味等に応じて学習する。

　要するに、これらの学習指導方法を適時活用して、より効果的な学習成果を上げることが求められます。

　蛇足ですがここ数年で気になっている学習指導があります。それは前述のグループ学習です。一部でグループ学習（二人で行うペア学習も含めて）を間違って取り入れられている実態があります。

　これを多用したり不必要な場面で行わせたりして、結局のと

ころ学習の成果が上がらず、ただ無用に時間を過ごしているのは問題があると言わざるを得ません。グループになれば一見すると学んでいるように見えますが、実のところ何をしているのか何を話しているのかよく分かりません。グループ学習を多用すればするほど、それぞれのグループの学習状況がつかめないばかりか、グループで学習したことをその都度、教室内で集約できずに終わってしまいます。グループで話し合った内容が学習の結論とされ、グループ毎にそれがあります。学ぶべきことに対し、正しいのか足りないのか、間違いなのかはっきりしないまま終了しかねません。

　端的に申せば、考えがもてたり発言できたりすれば積極的に取り組むのでしょうが、理解に苦しんだり表現が苦手であったりすればそのまま時間が流れていくのに任せて過ごすだけになります。

　指導力が足りない者ほど、グループ学習を取り入れる傾向にありますから、憂える事態です。何かを問いかけたり学ばせたりするたびに、子供に結論を委ねてしまえば正しく評価できないなど、学習状況を把握しないまま終わっていってしまいます。こうすれば見栄えがして、教材研究もいらなくなると考えているとすれば、かなりやっかいです。特に若い教師には、真似をしてほしくありません。グループ学習で学習効果を上げるのはとても難しいと理解した上で、有効に取り入れられるのであれば、それは活用してもなんら問題はないと思います。

蘊蓄	**グループ学習**

共同の取り組みやリーダーシップ、フォロワー

シップを学ぶのが目的。

　留意点は、①自己中心のリーダーシップ、消極的姿勢のメンバーの指導、②教師の各グループへのきめ細かなチェックと指導の在り方　等。

■四つの使命

　「わかった！」と、達成感が与えられるような授業にしたいといつも思ってきました。これは紛うことなき思いですし、教育的コンセンサスです。保護者の皆さんも望んでいるでしょう。

　やってみたものの、内容を理解していないのではお話になりません。おもしろかったけれど、学問的には何が残ったのだろうといささか残念な授業もあります。中には、鵺のごときと言いたくなるような、何だかよく分からないのもありますから笑い話で済まされません。ほんとうに分かったのか、理解できたのか、身に付いたのかと不安に思えるようでは、教えられる方はたまったものではありません。

　「分かる授業を行う」を意識するのとしないのとでは、大きな差として表れてきます。

　そのための構えとして次について心掛けます。

学びたいと思わせられるよう知的好奇心がくすぐれるか

既習事項とともに子供の知識や体験を生かせられるか

思考の交流が図れるよう、考えさせどころを取り入れられるか

学習全体の展開がつかめるか（シミュレーションが緻密）

この四つは教師の使命ともいうべきで、誰もが念頭に置いているはずです。

これらは学習活動がおもしろい、学習内容が理解できた（身に付いた）、学んだことが生かせる、というようにつながっていきます。

授業はひとつの考え方・方法だけに依拠できる性質のものではありませんし、これで行うべき授業に収斂できるとは申しませんが、アプローチの一つで基本となります。その上で個々がもっている能力を、どのように表現できるかが問われていきます。

あとひとつ付け加えるならば、「指導」と「支援」を混同しないよう図っていかなければなりません。指導は「意図された方向へ教え導くこと」ですし、支援は「子供を支えたり助けたりすること」になります。似ているようですが、学習を進めていく中では違う扱い方をします。

教育の世界では指導と言い表すと、教師の願いや価値観を押し付けるような印象を与えがちです。自主性や自由な発想を阻害するとの印象があるのでしょう。そこで、支援という語を使っておけば、穏やかな働きかけの中で伸び伸びと学ぶ姿を連想させ、きつさがなく、いかにも"子供を生かしている"よう

に捉えてもらえます。ですが、これは勘違いであり錯覚みたいなものです。

「支援という形の指導」であるとの考えで行わないと、少しばかり何かしてやれば独りでに学び、しかも個を大切にしているのだといった誤った固定観念のもとに、効果が得られない教育方法がはびこってしまいます。教える過程では、積極的な介入が必要な場面があります。ためらわず「指導」するべきです。

■分かる授業、楽しい授業

　教師の大切な仕事は、分かる授業をすることです。それは学習内容が理解できて、身に付けている状況を意味します。何をいまさらと言われそうですが、実は案外この当たり前のど真ん中的な職務が中途半端であるなど、不十分で終えている場合があるのです。なぜかといえばいろいろ理由はあります。教室には多くの子供がいて、その能力は様々です。つまり学んでいる中で差がありますから、どこを標準にして教えるのかは悩ましい問題です。理解に時間がかかる方に合わせればよいかというとそうもいきません。理解が早い子供との兼ね合いを考慮しながら進めます。基本姿勢としては、学習指導要領に則って前述にあるような授業成立の条件を整えます。

　ちなみに学習指導要領は、文部科学省の告示であり「法規命令の性格」を持つものとして位置づけられています。そしてそれは教える最低基準としての性格を持ち合わせています。したがって学習指導要領のもとに授業を行う義務があります。

1998年以降では、「生きる力の育成」「総合的な学習の時間の新設」「英語必修化（中学校、高等学校）」「英語教育の導入（小学校）」「道徳の特別の教科化」がよく知られています。最新の2017年版では、

　　　○未来社会を切り拓くための資質・能力の一層確実な育成
　　　○主体的・対話的で深い学び
　　　○社会に開かれた教育課程

　が特色です。

　そこで抜けてはならないのが、これらを踏まえた上で分かる授業をしなければならないという少しばかりやっかいな点です。

　加えて求められるのは「楽しい授業」です。勉強はつらく苦しい、だからそれに耐えて学びなさい、ではなかなかついてきてくれません。もちろんそうした部分がないと、鍛えられないし伸びないのが学問ではありますが、厳しさだけでは伸びるものも伸びません。特に小学校では、とりわけ楽しさが求められます。学習への意欲を持続させるには、楽しい部分がポイントになります。

　「分かる」や「楽しい」は、そうなるようにと知恵を働かせ、教育技術を生かしてこそ可能になります。

　可能にするまでのアプローチの仕方は多種多様ですが、その過程では伸吟もあっての険しい道のりとなる作業です。

　そうした授業の要件には、次のような条件が備わっているのが望ましいでしょう。

　　　○導入⇒展開⇒まとめ、と三つの段階で流れているか
　　　　よどみやぎこちなさがなく、テレビドラマのように進ん

でいく。下手な俳優のドラマは、演技や台詞にぎこちな
さなどが感じられるように、授業の流れにあってもそれ
が分かる。

○教師の話（発問）が必要かつ効果的な内容に留まっている
やたらと多く、児童の思考や発言の妨げにならないよ
う、事前のシミュレーションができていなくてはならな
い。

○それぞれの指導内容に対して評価がされていなければな
らない
短時間、あるいは瞬間的に学習実態がつかめていてこ
そ、"分かる"に結びつけられる。

> **蘊蓄**　**昭和の授業（昭和30年代）**
> 　知識習得中心で進められた。教科書中心の考え
> 方により、教科毎に系統立った知識や技能に沿っ
> て学ぶようになった。

■痛々しい授業

　ある小学校で道徳の研究授業を参観しました。公開して研究
の成果を問う場です。それは構想や進め方全般にわたるなど、
隅々まで検討されます。子供や教師の発言すべてが記録されま
すから、公開する側にとっては力量を高めるよい機会ですが、
資質・能力が計り知れるだけに緊張の場にもなります。

それは５年生の友情を扱った内容でした。道徳資料や自分の生活を基に、友情を深めながらより良い人間関係の在り方について考えていきます。はじめの内は、計画通りに子供たちの思いを引き出し、いろいろな観点から間断なく意見が述べられ意欲的でした。ところが、予期せぬ発言、友情を否定するような意見が出されたことで、担任の動きが止まってしまったのです。次の言葉が出なくなり沈黙が５分ほど続きます。それはとてつもなく長く感じられ、異様な雰囲気が教室中を包みました。友情を否定する意見が出るとは思いもしなかったのでしょう。あまりの出来事に放心して立ち尽くす姿はとても見ていられませんでした。30人近く参観している中ですから、たいへんな事態です。その後、絞り出すように担任が何やら声を発して再開したものの前段とは繋がりがなく、恐らく担任は自分でも何を話しているのか分かっていなかったかもしれません。子供たちの方が落ち着いていました。気の毒、という言葉で片づけるのは申し訳ないのですが、まさにそうでした。

　極々たまにですが、こんなありさまにしてしまいます。原因はどこにあるのでしょう。ひとつには、分析不足があります。道徳であればなおのこと、千差万別の考えをもち表現も多様な実態を事前につかみ、そして想像する作業は欠かせません。これを怠ったり中途で切り上げたりすると、このようになりかねません。

　もうひとつは、能力です。これを言ってしまうと終わりなのですが、少なからずあります。ですから、自分に能力が足りないと思ったら、事前に黒板に予想される流れを書いてみる、実際に声に出して行ってみるぐらいの、初歩的ですが、シミュ

レーションはしておくべきでしょう。これさえしないで、できる気でいるのは思い上がりと言われても反論できないはずです。

　教師が一方的に話すだけの授業も見ていられません。思考力や判断力、表現力等を育てなければならないのにお話になりません。為す術を知らない、ひんしゅくの眼を浴びる典型といえましょう。学習作業に終始するのもそうです。教えるとか考えさせる、表現するといった学習活動はほんのわずかで、ほとんどの時間、問題を解かせたり何か書かせたりするだけの学習作業に終始しているのでは、教師の存在意義は無いに等しいと言われても仕方がないのではないでしょうか。学ばせたいとか身に付けさせたいとの情熱や使命感が伝わってきません。

■授業に必要な五か条

　授業について知悉しているわけではありませんが、私なりにこれを意識して対するべきと考え、実行してきたことがあります。出色といえるかどうかは分かりませんが、以下の事柄です。

　　①学級づくり

　　　学級経営ともいわれますが、親和的でまとまりがあり、学ぶ意欲の高い学級が必須となります。それは秩序があり行儀がよいだけでは足りません。温かく思いやりに満ちた集団であれば、意欲的に学ばせ学力向上を可能にします。この職にある者であれば、学級づくりが授業づくりの前提

と理解しているはずです。

②読書と体験

　小学生の学習内容を教えるのに、それほど知識・技術は必要ないと考えるならば、明らかに誤りです。たくさんそれらをもっていれば、教え方に幅のあるしかも深い授業になります。ぎりぎりの持ちもので教えるなど失礼ですし、怠慢さが表れています。豊富な読書を心掛けながら、授業や教職全般に生かせられる体験は大いに役立ちます。

③惜しまない身体と金

　「教師は足でかせげ」とは先輩教師に言われた教えです。記者みたいな言いようですが、その意味は「教える中身は自分の目と耳で確かめる」基本姿勢と「資料収集にはお金が必要である」ことを指しています。これらを惜しんでいては十分な指導、支援はできません。

④真似

　人は真似て新しいものを作り出し発展してきました。授業もまた然りです。身近なところに見習うに値する巧者はいます。よい部分を真似て、自分に生かす方策は意義があります。真似は第一歩と考えるとよいでしょう。

⑤評価

　どんな仕事にでも、我が身を振り返る姿勢は大切です。授業を反省し、課題を見つけ次に生かす行為は基本姿勢です。とりあえず終わったから、もうおしまいでは進歩がありません。自分を正しく評価できれば、必ず次につながるのではないでしょうか。

これらに加えて、後述のシミュレーションもまた基本的な取

り組みであり不可欠と考えて実践してきました。自分がこれから行おうとする授業を、予め描いてみる作業がないと、なかなかうまくいかないものです。多くの教師はシミュレーションしているのでしょうが、私の知る限りでは、ぼんやりと描いてみる程度で済ませていることが多いように感じます。公開の機会であればきっちりするのですが、普段はそれを疎かにしていないだろうかといった懸念です。多忙な中、いろいろに制約がある中でのシミュレーション作業ですが、学力向上には欠かせないだけに、心して行うべき職務の一つです。

　以上、実行は簡単ではありませんが「水滴石を穿つ」といいますから、「才能の差は小さく　努力の差は大きい　継続の差はもっと大きい」をイメージして教師と接してみてください。

■朱書きは量ではなく質

　子供の作品やノートにはその評価を表す朱書きをします。図画工作の時間の作品や各教科のノートに書いた学習事項に対して等、それらの多くに朱書きをします。他のことで忙しくても、それによってなお忙しくなっても朱書きを怠りません。

　ところが学校、あるいは人によってはそうしないことを知りました。ある県外の公立校をいくつか訪問する機会がありましたが、教室の掲示物をはじめとして朱書きを全く見かけませんでした。すべての学校がそうとは言い切れませんが、私が訪れた地域の学校はそうでした。そういうところもあるのか、というよりはそういう教師もいるのだ、それでいいのかなというの

が率直な感想でした。

　朱書きがないと自分の学習の成果に対する評価が分からず、よいのか悪いのか、この後どう学習を進めていけばよいのかなど、次の学習のステップにつながらないのではないかと危惧します。学んで表現したのであれば、できるだけ朱書きをしてやるべきという考えです。

　ですが、あまりにそれに時間をとられすぎると、ほかへのしわ寄せが当然出てきます。それだけに効率よく的確なアドバイスとなる朱書きでなければ、本末転倒になりかねません。

　気になるのは長文の朱書きです。量がとても多く、熱心さは買いますが長い文章というだけで、肝心かなめが抜けてはいないかと心配します。

　例えば国語科の考える力を育てる学習では、高学年の場合、筋道をたどりながら考える力を育てます。読んだ内容に対し、自分の読み方を広げ深められるように、学習を発展させなければなりません。

　そこで、A教諭の国語のノートに対する朱書きです。「大造じいさんの気持ちになってたくさん書けましたね。よいところに気付いていて、あなたの思いがしっかり書かれています。日ごろからよく考えて読んでいるのが分かります。これからもその調子でがんばりましょう」。B教諭は「大造じいさんの心の変化に目をつけている読み方がとてもよいですね。残雪に対して見かたは変わったかな」。

　A教諭の場合はたくさん書いてあり、ノートも朱で華やかにはなりますし、子供にとって多少の励みにはなるでしょう。ただ、読みすすめ方のよかったポイントがはっきりせず、次への

課題につながるようなコメントにはなっていません。そしてこれだけの文章を全員のノートに書くのはたいへんです。仕事はこれだけではありませんから、検討してみる価値があるのではないかと思われます。

　B教諭は、読み方に対する評価がなされ、学習の進め方に自信がもたせられます。そして次の学習への指針をヒントにして、意欲付けにもなっています。

　限られた時間でできるだけ核心をついた朱書きの工夫を編み出していかなければなりません。機会がありましたら、実際のノートをご覧ください。

■板書と発問

　私が最初に当たった壁がこの二つでした。板書は学習事項を黒板に書くことで、発問は意図的な問いかけです。この二つは授業を構成する上で大切な指導技術です。

　板書は腕の見せどころの一つで、大切なところが分かるように色を変えたり、文字の大きさを工夫したりします。また、写真やイラストを用いるなどします。板書により一層理解しやすく、思考・判断を促すのを可能にします。

　発問は質問とは違います。質問は文章をみればそれで問いかけられている内容が分かりますが、発問は思考や認識過程を導くので随分と違いがあります。

　巧者の板書はというと、授業終了時に子供たちが見て、その流れがよく分かり、何を学んだかがさっと読み取れるように

なっています。前を振り返ったり、出された課題をどう考えて導いていくべきかの道しるべになったりもします。大人でも話を聞く過程で、視覚に訴える何かがあれば理解しやすいのと同じです。

　一部でこの板書の必要性を認めず、それを行わないやり方を広めようとしていました。グループやペアにし、発問毎に話し合わせ、その後全体の場でその考えを発表する形式を取ります。教える側の教師は座ったままで進めていきます。この間、黒板に文字等書かれることはありません。板書がない弊害は、前述した役割が果たせず、大いに問題があります。

　次に発問についてですが、よい発問は、

　　何を問うているのかはっきりしている
　　簡潔かつ分かりやすい言葉で問うている

　この二つは最低条件です。これが出来ていない教師が案外います。それほど的確な発問は難しいともいえます。

　発問は学習意欲を喚起し、授業に変化をつけます。疑問を生んだり発見につながったりするなど、学習を進める中でひらめきのきっかけをつくり、課題を追求していく姿が期待できるように発問していきます。折々でどんな発問をするかでセンスが伺えます。仮にそれに乏しくても教材研究により知恵を絞れば、よりよい発問が編み出せます。算数であれば二通りの解答が出たときに、「どちらが正しいですか」では、単に正解を見つけるだけで終わってしまいます。「考えの似ているところはどこですか」「違うところはどこですか」と発問すれば、思考に広がりが期待でき、真の理解につなげられます。

　私は授業づくりに悩んでいる若い先生に、「テレビ番組の構

成をヒントに」とアドバイスをすることがあります。見たいと思わせる番組の入り方、その後の展開をどう工夫しているか、飽きさせないための映像やエピソードをどんな形で取り入れているか、そして番組進行役はどんな語り口で話しているか、といった視点でひとつの番組を見ると、ヒントが得られるからです。これは板書や発問の在り方の手がかりになり得るので、試してみる価値はあろうかと思います。

　学習効果を上げるためには板書や発問を含め何であれ、考え抜き磨きあげでこそそれが達成できます。

■知識をおろそかにする愚行

　学校で最低限教えなければならない学習内容が、学習指導要領に示されています。2002年の学習指導要領では「自分で課題を見つけ、自ら学び、自ら考え、主体的に判断し、行動し、よりよく問題を解決する資質や能力」すなわち「生きる力」の育成を宣言しています。学力低下騒動により、2007年には全面的な見直しが図られ、「生きる力」を重視し、基礎的な知識や技能の習得と思考力、判断力、表現力の育成が強調されました。そして2017年・2018年の改訂でも「知識及び技能の習得と思考力、判断力、表現力等の育成のバランスを重視する」とこれまでの内容を維持していく方針です。

　この流れで気になっているのが、知識や技能習得が軽んじられてはいないかということです。原因はいろいろ考えられますが、ひとつには思考力や判断力、表現力を育てるのを重視する

あまり偏りができてしまったのではないかという点です。それと相俟って知識や技能を身に付けさせるために十分な時間が取れなくなり、力の注ぎ具合も弱くなった感があります。地味であるとか面白味に欠けると考えるのか軽く扱いがちです。基礎基本となるにもかかわらず、身の入れ方がもうひとつ足りない傾向にあります。公開授業でもこうした分野は少ないようです。

　これが意識無意識のうちにじわりじわりと広がり、果ては派手で見栄えのする授業に走るのではないかとの懸念があります。大切な知識や技能の習得が疎かになっていては、堅固な土塁・石垣を作らずして、天守閣は立派に見せようとするようなものです。

　欧米ではかつて日本がそうであったように、基礎学力重視の考え方を取り入れるようになりました。そして、基礎学力があってこそ伸ばせる応用学力なのに、日本は初等中等教育における基礎学力の習得を犠牲にしているのです（和田秀樹「60歳からの勉強法」）。

　この指摘には私も賛成で、すべてそうだというわけではありませんが、全体的傾向としてありそうです。学習を進める上で基礎が大切であるのは今更言うまでもありませんが、基礎に含まれる知識をおろそかにしては、次の能力アップにつながるはずがありません。知識は知恵をもたらしますし、それが思考、判断、引いては個々の表現に結びつくはずです。

　知識を重んじる授業は「芸がなく、見せどころではない」といった誤った考えは捨ててほしいのです。知識習得をも目標にしながら、地道に基礎学力をつけてやれる教師こそ、まさしく

力があると評価すべきです。すべての教師がそれを率先垂範するくらいの教育界であってほしいと願っています。

　今回の幼稚園教育要領、小・中学校学習指導要領等の改訂では、「知識の理解の質を高め資質・能力を育む主体的・対話的で深い学び」を目指しています。

　したがって、「知識の理解の質が高められる」ように、創意工夫や努力がここでも求められています。

> **蘊蓄**　**授業で育てたい力**
>
> 知識・理解・技能　　　　…基礎・基本
> 思考力・判断力・表現力　…問題解決力
> 意欲・有用感　　　　　　…学習意欲

■「詰め込み」のすゝめ

　「天は人の上に人を造らず人の下に人を造らず」で有名な福沢諭吉の「学問のすゝめ」は、17編から成り、夙に知られています。明治という新しい時代の進むべき方向や方法など、その原理が説いてあります。その中の一遍には学問についても述べられており、学問の必要性が強調されています。私もこれにあやかり、子供たちのために「詰め込みのすゝめ」を提案したいと思います。

　詰め込むという語は教育の世界では、敬遠されがちというより使われる機会はほとんどないといっていいでしょう。「今日

の授業は詰め込むぞ」などとは言いません。その語がもつマイナスイメージがあまりにも大きく、教育的に不適切とされるからです。

　私があえて詰め込みと言うには理由があります。それは、詰め込む、という言葉遣いが悪いのであって、その手段・方法は必要だからです。つまり小学生や中学生の伸び盛りの時期、つまり大人とは比較にならない吸収率の高い時期だからこそ、多くを学べるだけの容量をもっています。九九を一度に全部覚えるのはかわいそう、取りあえずは5の段までにしておきましょう、では能力を伸ばす機会を奪っているようなものです。無論、個々に応じた学ばせ方は大切ですから、それは別の問題です。

　かつて詰め込み教育と批判された知識偏重型の教育方針から、思考力を鍛える学習に重きを置いた、経験を重視する教育方針に変わった時期があります。これが1980年代から始まった「ゆとり教育」と言われるものです。しかし2011年度以降は、学力低下の指摘から学習指導要領（教育課程の基準を定めてある）が見直され「脱ゆとり教育」と評される方向に転換しました。平たく言えば、ゆとり教育による学習量の削減から学習量増加の方向に進みました。

　そもそも詰め込み教育もゆとり教育の時も、何が教育に必要かを分かっている教師は、どんな方針の下でもぶれずに詰め込む時は詰め込みますし、思考力や判断力、表現力等についても育てるようにしてきました。

　しかしおよそ30年にわたる「脱詰め込み教育」の弊害は、少なからず教師の姿勢に影響を及ぼしてきました。「詰め込む」

ことへの罪悪感です。詰め込むような教育は力のない証左のようにされ、時に誤った強迫観念に至る場合さえありました。

　やはり詰め込むという言葉が悪かったのでしょう。別の語を使えば混乱は少なかったように思うのですが、勉励（一所懸命に努力する）教育、充填（物を詰めて欠けた所を満たす）教育のようなプラスのイメージがもてる語であれば、問題なかったのかもしれません。

　要は、極端な詰め込みやゆとりの教育ではなく、バランスのとれた教育を推し進めることが肝心なのだろうと思います。発達段階の機を逃さず"詰め込んで"やれる授業を期待したいです。

> **蘊蓄　詰め込み教育とゆとり教育**
>
> 　詰め込み教育は暗記により知識を増やすことに比重を置く。基礎学力の早い習得を目指したり短期間に多くを学ばせたりする学習にも使われる。
>
> 　ゆとり教育は学習時間と内容を減らしてゆとりある学校教育を目指した教育。知識量偏重型の教育方針の是正を目的に行われた。

■シミュレーション

　授業を作るのはまさに創意工夫、努力であり知恵の絞りどころです。子供が主体とはいえ、教師が牽引すべきところはたく

さんあります。その牽引するのに欠かせないものを教材研究により、学習の進め方を考えて毎時間臨みます。教育や教科について知悉しているはずはありませんから、これらは必須です。

　そのためには、定番とも言うべき要素を含んだ一連の流れがあって成立します。一般的には次のようになります。

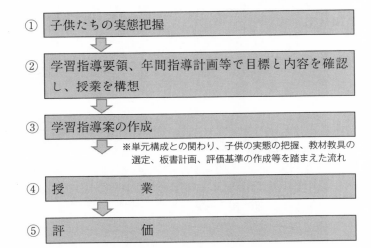

① 子供たちの実態把握

② 学習指導要領、年間指導計画等で目標と内容を確認し、授業を構想

③ 学習指導案の作成
　※単元構成との関わり、子供の実態の把握、教材教具の選定、板書計画、評価基準の作成等を踏まえた流れ

④ 授　　　　　業

⑤ 評　　　　　価

　これらを日々行い、漸進的に改善を図っています。重要なのは①から③を踏まえて行われる授業（小学校であれば45分間）をシミュレーションできるかです。良し悪しはこれに収斂されると言っていいほどに重要です。それはおぼろげなもので済ませたのでは、効果のほどはたかがしれます。

　つまり頭の中でやろうとしている展開を、事細かに思い浮かべられなければなりません。どんな発問をどんな場面で行い、黒板には何をどんなタイミングで書くか、資料をどこで出せば

より効果的か、理解できない場合はどう対処するか、等です。これが出来ずに出たとこ勝負では、学力を向上させる（楽しく分かる）など困難です。

　中には、学習指導案については紙面上は書けるけれども、実際に行う具体が描けないという教師がいます。指導案さえ書ききればうまくいくような錯覚をもつのか、シミュレーションがしっかりできていない場合も多いようです。

　シミュレーションの作業はとても骨が折れます。とても面倒な作業です。小学校の45分であれば、その時間の何倍もかけて行う作業です。ですから相当覚悟を決め、一気呵成にやるぐらいの気持ちが必要です。少しずつやろうとするとどこかで気持ちが折れて、投げ出してしまいそうです。

　私も20代の頃はなかなかこれができず、やろうとすると意識があっちへこっちへと行き来し、しまいには集中が途切れてしまいました。結局、十分な吟味をしないままで終わる始末です。思考が続かず面倒になってしまいました。

　それでも何とか自分なりのシミュレーションをしました。ノートに流れを書き、板書と並行させながら、自分の話す語（発問など）や思い浮かぶ子供の発言や動きも予想して書いてもみました。初歩的作業なのにとても疲れます。疲れますが、どんな形であれシミュレーションしておけば、とんでもない授業になることはまずありません。

　また、自分の授業を録音して聞きました。自分の声を聞くのは何やら恥ずかしく嫌ですし、何よりまずい出来と分かっているだけに辛い作業でした。しかし、得られたものは大きかったように思います。

そして収穫がもう一つあります。シミュレーションを繰り返していれば、段々と頭の中でそれが可能になり、そのための時間がとれない時にでも何とかできるようになりました。多忙な中、毎日、毎時間をシミュレーションするのは無理です。ですが、できる限りこれをするべきで、これを実行した授業は一味違うはずです。

> **蘊蓄　学習指導案**
>
> 　事前に指導内容を分析し、時間配分を含めた単元の指導構成の案のこと。授業ごとに、導入、展開、まとめの流れを示すのが一般的。

■アウトプットの力

　算数ドリルや漢字ドリルのように使われる「ドリル」は、訓練や演習等を指し、ドリル学習として学校教育ではお馴染みです。これは教育心理学者のソーンダイクの考案で、一定の法則があるものを繰り返して学ばせ、知識を効率よく身に付けさせる効果をねらっています。

　学習活動は理解と練習で進められていきます。「理解」は学習内容を考える活動によって理解することで、「練習」は行動の仕方や技能を体験で身に付けることです。ドリル学習は、そのうちの練習にあたります。算数や国語に限るのではなく、例えば、体育の運動技能や音楽の楽器演奏を考えるとより分かり

やすいかもしれません。これらを頭の中で理解したからといって、身体で表現できるかというとそれは無理です。何度も繰り返してやってみてこそ表現できます。ですから、ドリル学習を単純作業ととらえず、学習内容を身に付けるための不可欠な要素として、取り入れなければなりません。

　脳科学者の池谷裕二氏の研究に神経回路がどう機能したら外の情報を保存できるかというのがあります。どういう理論かといいますと、脳には入力と出力があって、例えば読書や漢字練習はインプット（入力）で、文を書いて表現したり話して説明したりするのがアウトプット（出力）です。このアウトプットが大切で、アウトプットの部分をしっかり指導できるかどうかで学んでいる内容の定着を左右するのだそうです。指導する立場としてはとても重要で、これを強く意識して授業を進めるとよいのです。

　学習にあてはめると、復習であれば何度も参考書を読んで頭に入れようとするタイプと問題を解くタイプとでは、問題をたくさん解くほうが定着します。そして、得られた情報はそれをしっかり使いながら脳に定着させます。脳はいらないものは忘れていくようにできていて、必要なことしか覚えません。したがって、入ってくるだけだと必要かどうかわかりません。そこで、使えばこの情報は必要だと認識して定着する、というメカニズムです。なるほどと思わず膝を打つ納得の理論です。

　これらを意識した学習の取り入れ方や指導法は、日々効果的に取り入れていくとよいでしょう。偏りなく指導の妙が見せられるかどうか地力が試されます。

> **蘊蓄** ソーンダイク
>
> 　1874年—1949年　アメリカの心理学者・教育学者。コロンビア大学教授。
>
> 　評価の分野では教育測定運動の父と言われる。試行錯誤説が有名である。

■指導と評価の一体化

> 　よい点や進歩の状況などを積極的に評価するとともに、指導の過程や成果を評価し、指導の改善を行い学習意欲の向上に生かすようにする

　これは評価について示しており、学習指導要領の総則に書かれてあります。

　「評価」は学習の結果、成績をイメージしがちですが、それだけではありません。子供たちの成長を目的として、学習の質を高める指導を図ることをねらいとします。

　したがって評価は、子供たちが成すべき教育活動のすべてについて行います。これが「指導と評価の一体化」と呼ばれていて、教師は教育活動の基本として教えられました。

　授業を例にとると分かりやすいと思います。そこには一人一人の学力向上など、成長につながる構想が重要です。その構想をもとに行うのですが、そのたびにどう学びとっているか、そ

の成果はどうだったかといった評価がなければ次に結びつきません。要するに、今日学んだことを理解したのか、身に付いているのか把握しなければなりません。その上で次にどう進めるかを探り改善していきます。計画→実践→評価→授業、の一連の活動により有効な指導が可能になります。

　ところが、評価は欠かせないものの簡単ではなく、多方面で研究されており評価の書籍だけで何種類も出ています。ここでは単純に授業の中で、どのように評価しているかを簡単に記してみます。

　授業は進行していますから、評価するからちょっと待って、と言うわけにはいきません。事後に評価する場合もありますが、真っ最中にしなければならない場面が出てきます。理解をより確実にするためには、軌道修正が必要だからです。

　事前には、評価の観点を定め意識しておきます。観点は文章にしてありますが、臨機応変にその場に応じて対応しなければなりません。教材のねらい、子供たちの実態への配慮、板書、発問、説明、資料提示、時間配分、指示の仕方、反応への対応、など多岐に渡ります。ですから事前にかなりの分析が必要です。

　そして、事中の評価ですが、主に次の方法がとられます。
　　○活動状況や態度を観察する。
　　○ノートや発言から学習状況をつかむ。
　　○学んでいる内容を自身で評価させ、実態をつかむ（子供間で互いに評価させる方法もあります）。
　　○自由記述や小テスト等で習得の知識・技能の実態をつかむ。

これらを状況に応じて使い分けて、短時間（あるいは瞬間的に）で評価しなければなりません。事前の分析やシミュレーション、時には経験やセンスなどで真価が問われます。

　参観の機会がありましたら、家庭での会話や使っているノートの内容、問題を解く学習等から、評価の実際が分かります。どう評価されて指導と結びついているかが分かってきます。担任が授業の中で次のステップに行く際に、理解度を把握した上で進んでいるかどうかを見ていただくとよいかもしれません。

　指導と評価が一体化であれば、それぞれの学習の歩みに対する見取りと、それに対する手立てが何らかの形で表れているはずです。

■授業の見方

　教育委員会（都道府県、市町村）には、学習指導や教育課程など学校教育全般にわたり、助言や指導を与える指導主事という立場の職員がいます。学校教育の向上や改善に努める役目を担っています。教育への識見、職務についての教養と経験をもつとされています。指導力不足の教師や不登校・非行・事故等の問題についても関わるなど、指導範囲が広い職務です。

　指導主事は学校を訪問し、授業内容や生徒指導、学級運営、学校運営等について指導助言をします。中でも授業についてはじっくり参観し、事後の研修会で指導をします。例えば、その構成であったり、課題の与え方や資料の提示であったりと様々な教育観点から取り上げます。

　学習課題が、学びたい解決したいといった学習意欲が喚起できたかが協議に上がることもあります。時には、この授業は必要だったのか適切だったのか、といったレベルにもなります。よく見受けられるのが、一方的に話して（教授して）子供たちの学習の姿がない、といった厳しい見方をされるなど反省を促されたりもします。言葉の投げかけ方、発言の取り上げ方、的確に評価が成されていたか、など広範囲、多視点に及びます。

　一般的には、以下の条件が備わっているかどうかを基本に、授業が見定められます。

　　　　○ねらいがはっきりしている。何のために教えるのかが明らかになっている。指導目標と指導内容がしっかり構想されている。

　　　　○学習課題が子供のものになっている。学ばせるべき内容が子供たちの実態にあっている。

　　　　○学習活動の見通しがある。学習に流れがあり、知的好奇心を喚起したり学習意欲が継続できたりする計画的な学習の進め方である。

　　　　○指導・支援が適切である。確かな評価を行い、理解や進み具合に応じた指導支援ができる。

　これらを意識して参観してみると、表面的なところばかりではなく、子供の内面（意欲や学習の進捗度等）が捉えられて、子供理解につながっていくだろうと思われます。

着眼

　　・見ているところ

　　　　　…求められているところに向いているか。

・顔つき　…理解の可否、意欲の有無はどうか。積極的に
　　　　　　取り組んでいないのは学習内容か指導法に因
　　　　　　るのか。
・鉛筆の動きなど活動の様子
　　　　　　…学習場面についていっているか。
・ノート　…書くべきことが書けているか。
・発言　　…あった方がよいが、しないからといって理解
　　　　　　していないとか学習意欲が低いとは言えな
　　　　　　い。

　どうしても「動」的な学習に目が行きがちですが、「静」の部分からも学習状況をとらえるのは意義があります。

■通知表のつけ方

　通知表、通信簿、通信表、あゆみ、かがやき等、様々な呼び方がある通知表ですが、教科の成績や生活の記録などが記載されており、一応作成は学校の任意ですが多くの学校で実施されています。

　明治10年代からあったようで「試験成績表」などの呼び名で作成されていました。ちなみに私が小学校1年生のときの通知表は、通信簿と言っていました。教科の評定は「上・中・下」の三段階で集団の中の位置が示されていました（相対評価）。「下」は「げ」と読ませますから、昭和30年代にあっても「痛い」語ではなかったかと思います。

　さて、この通知表ですがどのようにつけるのでしょうか。学校からの情報発信もかなり進んでいて周知の事柄ですが、ここでは教科（学習の記録）についておさらいしておきます。

　2002年度から正式に評価の仕方は「絶対評価」となりました。絶対評価は、他の子供たちの成績は関係なく、個人の成績そのもので評価します。他と比較せず、あくまでそれぞれがどこまで学習が到達したかで評価します。これを到達度評価といいます。

　到達度評価をするために、目標を設定します(評価規準)。この目標にどこまで到達できたかを判断する指標（評価基準）も決めておきます。

　規準と基準ですが、例えば「算数科九の段」を評価する場合、「九の段が言えるようになる」が評価規準、「九の段が言えなかった」「九の段がたどたどしいが言えた」「九の段が言えた」が評価基準です。

　この評価により、一人一人が自分はどこまで達成できているかが分かる長所があります。ただ、評価規準や評価基準の設定や判断は、教師によって異なる可能性があるのが短所といえます。規準と基準について相当に精査しなければ、正しい評価に結びつきませんし、引いては学力向上に結びつかない場合さえあります。

　こうした到達度評価にプラスして、認定評価も取り入れます。期待する基準を加味して評価する方法で、日ごろの課題の取組みやテストプリント、態度等を考慮します。相対評価の側面がありますし、基準が子供たちには分かりませんから、慎重に取り入れなければなりません。

絶対評価になってからますます忙しくなりました。それまで以上に一人一人の学習状況をその都度とらえ、未到達に対しては指導を見直して目標への到達を目指さなければなりません。ここに授業への熱意が表れてきます。また、工夫も見られるようになります。そうした目で通知表をご覧になっていただければと思います。

　蛇足ですが、通知表によっては所見欄として文章による評価の部分があります。「所見」は、「見た結果への判断や意見」です。ですから、学習（活動）の様子や結果から、担任としてそれをどのように判断したのか、どんな意見をもっているのか、を記述しなければなりません。ところが「たくさんの道具を利用しながら、磁石にものがつく実験に取り組んでいました」式の記述がかなり多いので要注意です。これは、単にその時の様子を記述したに過ぎません。成長の部分や備わっている能力・資質（必要に応じて課題も）が分かりません。「磁石など自然現象への関心が高く、実験方法が工夫できるなど理科的な技能に優れている」とする内容の方が、保護者の皆さんにとっても実力が分かるのではないでしょうか。

> **蘊蓄　通知表のない学校**
>
> 　通知表の発行は国や教育委員会が決めるのではなく、学校が独自で判断できる。
>
> 　発行の場合も学期毎の文章記述は必要がないなど弾力性をもって作成できる。

■授業とともにみえるもの

　授業を1時間でも参観してみると、それ以外の大切な事柄がみえてきます。我が子の学校生活での過ごし方、学校の教育に対する姿勢、教師の能力や人間性、行動様式などがつかめます。

　私が参観する際には、授業以外に三つに着目します。

　まずは教室の環境を見渡します。担任の机の周りや子供たちの机やロッカー、掃除用具入れ、ごみ箱等が整えられているかを見ます。整理整頓されていない教室にしておく者によい授業ができるとは思えないからです。

　次に掲示板等にある掲示物です。たくさんの資料が掲示してあり、賑やかで派手さに心は奪われません。子供目線に立って掲示されているかどうか、教育効果が得られる教室環境であるかがポイントです。作品であれば、意欲を引き出してくれるような朱書きがしてあるとか、資料であれば学んだことが振り返られたり、新たな学習課題を見いだせるようなものであったりしなければあまり意味がありません。

　そして、教室内の雰囲気です。自由に話せる集団であるか、子供と担任の間に秩序と共に親和性が感じられるか、友達や担任の話を聞く姿勢が身に付いているか、子供間のやりとりに温かさが感じられるか、などに注目しながら参観します。この点は特に注視すべきで、人づくりができていなければよい学習空間にはならないでしょう。学級担任の下、教室の中がひとつに感じられるという学級経営の大前提です。学級担任制をとっている我が国では、これが成し遂げられているかどうかはたいへ

ん重要です。手腕が最も問われるところですし、学校教育の「肝」とさえ言えるのではないでしょうか。

つまり、この三つは担任としての有りようが丸裸になって見えるのです。「教育は人なり」とは言い古された言葉ですが、事実そうです。教師次第で子供はどんな方向にも向いていきますから、整然としていない教室にあって、正常な人間関係が築かれていないようでは、よい授業が進められるはずがありません。落ち着いた中で集中できる学習環境はどうしても必要です。

「教えることのできない子供というものはない。あるのはうまく教えられない学校と教師だけである」（オーストリアの心理学者　アルフレッド・アドラー）は教育に携わる者であれば、誰もが深く心に刻み込むべき言葉です。「うまく教えられない」を克服する土台になるのが、前述の三つです。子供自身これらが自分の教室にあるかないか、低学年でも気付いています。態度や行動、言葉の表れ方が発達段階で違うだけです。

授業にしてもそれから分かることにしても、足りないところは教師も人間ですからきっとあります。それなら「実力がないならせめて努力している」面が見えるかどうかがその後の大きな鍵になります。

あとがき

　授業なんてどうにかなる。教える内容はそれほど高度ではないし、相手は小学生だからそう難しくはないとたかをくくっていたら、教えるとはこんなに難しいものかと迷い道に嵌ったのが20代でした。

　30代になると少しものごとが分かってきて、次の授業公開にはこれを、こんな取組で力をつけてやろう、などとアイデアが次々に出てきた時期でした。考えが泉のように湧いてきて、こんなこともあるのかと妙に充実感がもてた人生の一時期でした。今にして思えば向こう見ずでがむしゃらのふるまいだったかもしれません。当時の私の上司、先輩は寛容だったと、今思うと反省しきりです。

　40代では教育の世界の甘い酸いに気付き、それに影響を受けながらも、自分の能力を冷静にみられるようになるなど、少しは教師の在り方を考えられるようになりました。
　また、この仕事に矛盾を感じたり不条理に直面したりと、立ちはだかるものを感じる経験もしました。

　それからも退職するまでの間、喜怒哀楽、いろいろありました。感動感激も味わえたのは幸せだったと思います。教師冥利でした。

そんなこんなで、本書は私が在職中、あるいは退職してからの思いを綴ったものですが、真意を理解していただけたでしょうか。

　本のタイトルを最初「保護者のための……」として、保護者の方々に向けてというつもりでいました。ですが、内容は現役の教師も知らなかったり意識していなかったりするものがある気がして、タイトルを変えました。

　5章から成っていますが、どの章も教師の実情が分かるように意識しました。あらためて教師の仕事や人となりを知ることが、これまで以上に学校教育を理解していただけるのではないかと考えました。
　特に「よい教師の決め手は授業」は、授業が学校教育の大黒柱ですからあえて授業をテーマに章を設けました。教師も教師でなくとも授業から学校教育を覗き、想像力を働かせるとたくさんの大切なことが見えてきます。

　本書出版の動機は、私の教師1年目に遡ります。その時の校長先生は退職を間近にひかえた、頑固だけれども情に厚い昔かたぎの方でした。授業の下手な私に、わざわざ算数の授業をしていただいたのが忘れられません。その授業の感想を書きなさいと言われ、「物語のように滑らかに授業が流れていき、私のようにつっかえたりはらはらしたりする場面がなく……」といった内容を書いて提出した覚えがあります。とてもこんな授業はできないと力不足を思い知らされ、自分の甘さに目が覚め

た出来事でした。

　その校長先生が何かの折に、教育について書いてみたいと言われたのです。長年教育に携わってきた誇りが感じ取れました。それが頭のどこかに残っていて、退職してから書くことへの後押しになっていたかもしれません。

　私の場合、理論も実践も不足は多々ありますが、教育について共に考えていただけるきっかけになったなら、とてもうれしく思います。

　本書出版に当たって、桂書房代表の勝山敏一氏には趣旨をご理解いただき、出版への運びとなりました。厚く御礼申し上げます。また、編集者の川井　圭氏には、脱稿まで懇切丁寧なご助力をいただきました。感謝申し上げます。

著 者 略 歴

福 田 哲 史 (ふくた さとし)

　1957年、富山県生まれ。公立小学校の他、富山県教育委員会、富山県知事部局、文部科学省に勤務。後、富山市民俗資料館館長、富山市教育センター教育指導員。

　著書に「子育て読本」(桂書房)、共著に「とやま近代化ものがたり」(北日本新聞社)、「ふるさと人物伝」(北國新聞社)、「月刊視聴覚教育」(日本視聴覚教育協会)、内外教育(時事通信社)、社会科教育(明治図書)、近代史研究(富山近代史研究会)に研究事例等発表。趣味は山歩き、戦史学習、古書収集。

現住所　〒939-8144 富山市上今町249

朝から「残業」する教師たち

2021年9月7日　初版発行

定価 1,430円

著　者　福田　哲史
発行者　勝山　敏一

発行所　桂 書 房
〒930-0103 富山市北代3683-11
電話 076-434-4600
FAX 076-434-4617
印刷／株式会社 すがの印刷

© 2021 Fukuta Satoshi　　　　　　ISBN978-4-86627-105-7

地方小出版流通センター扱い

＊造本には十分注意しておりますが、万一、落丁、乱丁などの不良品がありましたら送料当社負担でお取替えいたします。
＊本書の一部あるいは全部を、無断で複写複製（コピー）することは、法律で認められた場合を除き、著作者および出版社の権利の侵害となります。あらかじめ小社あて許諾を求めて下さい。